品成

阅读经典 品味成长

刻意学习

Scalers 著

人民邮电出版社

北京

图书在版编目（CIP）数据

刻意学习 / Scalers 著 . -- 北京 : 人民邮电出版社，2025. -- ISBN 978-7-115-66464-8

Ⅰ . G791

中国国家版本馆 CIP 数据核字第 20250G5Z07 号

◆ 著　　　　Scalers
责任编辑　袁　璐
责任印制　马振武

◆ 人民邮电出版社出版发行　　北京市丰台区成寿寺路 11 号
邮编 100164　　电子邮件 315@ptpress.com.cn
网址 https://www.ptpress.com.cn
文畅阁印刷有限公司印刷

◆ 开本：880×1230　1/32
印张：8.125　　　　　　　　2025 年 4 月第 1 版
字数：153 千字　　　　　　 2025 年 4 月河北第 1 次印刷

定价：58.00 元

读者服务热线：（010）81055671　印装质量热线：（010）81055316
反盗版热线：（010）81055315

谨以此书献给我的妻子与孩子

前言　我们如何改变自己的命运

20 年前，我在江西的一个小县城上高中，当时正在积极备战高考。面对未来，我既兴奋期待，又紧张焦虑。我不知道自己以后想做什么，内心唯一的想法就是全力以赴地学习，考出更高的分数，上更好的大学，去大城市生活。我觉得只有这样，才会拥有一个更加美好的未来。那时的我，就是一位"小镇做题家"，把更多的题目做对，是我唯一的念想。

10 年前，从清华大学毕业的我刚在北京参加工作不久。经过顶尖学府的培养，我的专业水平有了很大的提升，但是我对人生方向仍然感到迷茫。经过一段时间的探索与思考，我开始了自我改变之旅：每天写一篇文章，将自己关于成长的学习和思考成果发表在公众号上，希望用这种方式为我的 30 岁留下一些有价值的纪念。

写作最开始持续了 10 天，然后是 100 天，之后突破了 1000天……我的持续行动吸引了许多读者的关注，我的文章也带给他们很多启发，受到了广泛传播。于是我建立社群，开设课程，提供咨询，帮助许多人破解了个人成长的难题。这件事情带给了我与众不同的感受：在此之前，我从未发现生活如此充实，从未发现自己对未来如此坚定。通过这件事，我感觉自己的人生有了方向，充满希望。

7 年前，我人生中的第一本书面世。未曾想到，新书一上市就登上了畅销榜，获得各大核心媒体推荐，同时还被一些中央管理企业批量采购两万多册。于是，我从一名工科生，变成了一位畅销书作家。这本书名为《刻意学习》，它涵盖了我对第一个 1000 天持续行动的回顾与思考，以及从这段经历中提炼出来的"刻意学习＋持续行动"的理念。

5 年前，我的第二本书《持续行动》上市，与《刻意学习》相搭配，我关于个人成长的"刻意学习＋持续行动"基础理论架构便初步成型。

之后，我不断地完善和丰富这套理念，在社群开展了大量的实践与检验，积累了上万案例，帮助不同年龄、不同行业、不同地区的小伙伴取得突破，获得结果。此刻我已经明白，这就是我的人生使命：利用自己毕生所学，帮助更多人在个人成长上获得突破。

"爱出者爱返，福往者福来。"在帮助很多人收获结果的同时，我自己的个人生活也发生了翻天覆地的变化。在职场上，我的工作能力持续突破，职级得到提升，获得四项技术发明专利授权，还在瑞士荣获国际大奖。原有的那些焦虑和迷茫已经消失不见，我每天都在迎接新的挑战，收获新的成长。越来越多的人加入我的社群一起行动学习，一起取得激励人心的成果。

事业蒸蒸日上，收入也持续提升。10 年前的冬天，我在北京二环边上的老破小出租屋里开始了写作的旅程。一楼的房间阴冷逼仄，光线昏暗，我在那里哆嗦着打出了我人生写作事业的第一行字，写下了第一篇文章。10 年后，我已经搬到了属于自己的宽敞明亮的大平层，有一张大书桌，有一整面书墙，有了更好的学习和创作条件。两处住址仅相距 2 千米，我却花了 10 年时间才将其走完。

回望过去 20 年的经历，我不禁感慨万分：来自小县城的"做题家"，在北京靠自己的努力，打拼出自己的事业，告别了颠沛流离的生活，组建了幸福的家庭，孩子也即将出生。通过刻意学习和持续行动，我改变了自己的命运，跨越了生活的圈层。我的下一代将不再需要重复经历我过去 20 年那些煎熬的自我探索，而是可以在现有的基础上起步，踏上个人成长的快车道，更好地寻求个人发展之路。这就是我过去 20 年持续奋斗的意义所在。

当我回头再看《刻意学习》和《持续行动》这两本书的时候，我发现，这八个字所承载的丰富内涵需要更充分地阐述和体现，于是我开始着手这两本书的再版修订。

在我看来，刻意学习就是在人生蓝图的引导下，我们发起对个人成长的追求，让自己消除认知盲区，达到一秒看透本质的境界。"刻意"二字的核心体现在目标引领、有意为之、用心去做。这就包括：

（1）制定明确的目标，知道自己要去哪里；

（2）清醒地审视自己，明确当前的位置所在；

（3）采用高效科学的方法，尽快安全到达；

（4）迭代更高的目标，循环重复以上过程。

以上每一步都伴随着我们的有意为之，核心就在于每一次迭代都能比上一次有所突破，能够不断变得更好：更精准明确的目标、更清晰冷静的认识、更高效科学的方法、更富有挑战的未来。

"学习"二字的目的就在于，不断打破自己的认知盲区，形成一眼看透本质的能力。我们先是积累最简单的概念和知识，再掌握基本原理和思考的方法，最后提炼成应对生活的智慧。在这个过程中，我们持续锻造大脑的神经元，改变自己的第一反应，让自己的思想、行动符合事物发展的规律。最终，我们就能在学习成长的过程中，不断升华我们的人生观、价值观，提高我们的人格与人品，让我们成为更好的人。

持续行动，就是从想到做，就是在我们追求个人成长的过程中，不断地实现从 0 到 1，再延展至人生全域、家族全域的持续复利的过程。"持续"二字的核心在于突破困境、穿越周期、持久复利。这就包括：

（1）打破认知局限，快速走出行动困境；

（2）建立高效循环，顺应人性养成习惯；

（3）提升人生格局，保持强大的行动力；

（4）排查风险因素，实现真正的长期主义。

以上每一步都是面对不同的时间长度时，要做的相应准备，只有做到这些，才能实现我们的个人成长复利。

"行动"二字的本质就在于躬身入局，用眼睛观察、用耳朵聆听、用大脑思考、用双手实践，全身心投入一件事情，把理念变成现实。当我们开始行动时，我们就要穿越时间。我用 10^n 来体现持续行动穿越的时间长度：10 天、100 天、1000 天、10000 天……把一件事情持续做 10 天和持续做 10000 天，面对的困难不同，需要的投入也不同，但是底层的思考却有相同之处。持续行动从来不是苦大仇深似的坚持，而是建立科学的行动体系，找到顺应人性基本规律的激励方法，让自己摆脱无序和低效的低循环，走向一个更高水平的正循环。

在人生蓝图的引领下，遵循刻意学习的理念，再搭配持续行动的保障，二者相辅相成，我们就能持续成长，就能心之所愿无事不成，就能改变自己的命运。

人为什么要持续成长？为什么要改变自己的命运？每个人都希望自己越来越好，只不过采用了不同的方式去实现。有一种人是付出行动和努力，让自己真实地变得更好；还有一种人是通过自我安慰、自我欺骗的方式，给自己虚构故事，让自己感觉很好。学习是一场心灵的探险，是勇敢者发现真相的游戏。真相是个人成长的根基，即使真相有不足，也永远比虚假的完美更好。

人的成长过程就是一个不断确立未来目标，同时动手实现的过程。这个过程不仅能让自己收获颇丰，也会让其他人受益，最终形成人生的正循环。当我们希望改变自己命运的时候，不仅要对自己足够诚实，学会面对自己真实的欲望，还要看到自己的不足，只有这样，我们才能迸发出蓬勃向上的生命力。

我一直认为，学习和行动是改变我们命运的两大有力武器。借着此次再版的机会，我重新将《刻意学习》和《持续行动》两本书修订整合，大幅调整了书中的内容，每本书各有侧重，同时又相互呼应，使论述体系更完整。两本书同步上市，也便于读者在阅读中能更好地把握重点，建立系统思维。

就在我的两本书上市前夕，包括 DeepSeek 在内的开源国产大模型在全球范围内爆火，这让我看到了人工智能时代更普适的个人成长红利和机会。DeepSeek 以更低的成本、更优异的表现完成了一次智能的飞跃，有可能成为未来人工智能时代的基础设施。如果你善于高效学习和行动，面对时代的浪潮，就能抓住一次又一次成长破圈的机会。我在最后一个章节，也专门就这个问题展开了讨论。

"刻意学习 + 持续行动"曾经改变也将继续改变我，希望这八个字也能变成你强有力的武器，助你穿越周期，持续成长！

Scalers

2025 年 2 月 20 日

目录｜Contents

生命里最重要的事情是要有个远大的
目标，并借才能与坚毅来达成它。

——歌德

消除盲区，找到人生方向

第一章

人生一定要敢想、敢做

赚 500 万元的故事

在大学期间，我听过托尼·罗宾斯（Tony Robbins）关于个人发展的英文课程磁带。在课程里，他引导听众制定一个 10 年的个人发展目标，让听众在本子上写下自己 10 年后要赚到多少钱。他说这个目标对你来说要足够有挑战、有压力，能够激励你不断前进。

那时的大学毕业生找到的工作一般月薪不到 1 万元，我最高的一笔收入是国家奖学金发的 8000 元。但我却在本子上写下了 500 万元的目标。这个目标一写出来，我浑身发抖，既紧张又兴奋。我并不知道这个目标要怎么实现，只是觉得我 10 年后一定要能赚到这么多钱。

随着时间的流逝，这件事情一度被我抛到脑后。10 年后，我在北京买了第一套房子。有一天，在整理文件时，我突然看到自己 10 年前写的目标，我盘了盘自己手里的资产，正好是 500 万元。那一刻，我感到非常神奇。跨越 10 年时空，曾经的目标就这么画上了一个句号，我感到有些意外。我给自己开玩笑道：早知道，就再多写一点。后来我才慢慢想起来，当年的那个足够激励人心的目标，其实刻进了我的潜意识，让我这些年一直铆足了劲，马力全开，让我在最困顿的时候，仍然能想办法走出来，这就是宏大目标的作用。

我们很容易高估自己 1 年的变化，低估自己 10 年的变化，而引发这种巨大变化的根本原因，就在于对个人成长的追求。

敢想是个人成长的开始

追求个人成长，敢想是起点。给自己树立一个远大的目标，利用目标带给你的强劲动力，倒逼自己的行动与学习。要做到敢想，有两个前提。

第一，要有见识，知道什么是更好的。人往高处走，对美好有向往与期待，符合人的天性。这个"更好的"具体表现，仅仅靠想象远远不够，只有见过了足够多不同的生活方式、看过了不一样的人生状态，才会在心中产生自然的判断，形成关于未来的画面，确认自己想要的是哪个"更好的"，向往的是什么，要往什么方向发展。每年暑假，清华大学、北京大学就会变成热门景点，来自全国各地的许多家长都会带着孩子前去参观。家长就是这样在孩子心中种下了一颗具体的种子——好的学校是这个样子的，以此激励他们学习成长。亲眼见证、亲自体验就是增长见识的基本操作之一。

第二，要有配得感，相信自己值得。见到美好时，很多人的第一反应是自己不配。这种自卑感往往来源于原生家庭的错误引导。如果父母长期使用"你做得很差""你不行""你什么也不是"的话语打压孩子，孩子就会在配得感的发展上出现问题，见到美好时，马上想到自己不配，不敢去追。配得感来源于对自我价值的确认，是相信自己能配得上更好的生活，这种心态能让我们遇到困难时愿意挑战自己。我们最终会长成我们认为自己配得上的样子。

敢想，就是一个人从时间手里夺过并掌握主动权的重要方式。从出生开始，人的年龄就在不断增长。不管我们做什么事情，时间都会过去，那么为何不向前一步、敢想敢做呢？想明白这一点，我们关于人生的困惑就能迎刃而解。

生活就像一个个收纳盒。每到年末，时间这个收纳师就会帮助我们打包这一年的收纳盒，放入大脑的记忆里封存，同时还会问我们："明年的收纳盒，你想往里面放些什么？"如果我们说"随便"，时间收纳师就会开启随机模式，胡乱往里面塞一些东西——很可能是我们不想要的便宜货，甚至有可能是垃圾。

但是，如果我们说想要往盒子里放一些好东西：更强大的自己、更幸福的生活、更多的钱……时间收纳师就会告诉我们："你想放的东西，明年的盒子里不一定能有。要不这样，你把眼前的四个盒子整理好，不要乱放杂物，五年后我再来给你兑换。"

如果我们不想被生活随便对待，那么我们必须主动地要、明确地要。我们的未来就是一片庄稼地，如果我们不认真耕耘，那么它就会长满杂草。为了我们的未来，我们一定要敢想！敢想就是站在未来给现在的自己发出一个明确的信号，让自己在接下来的时间里，有专注的目标，有坚定的信念，知道自己要往哪里去，并利用一切可用的工具和方法达成目标。

敢想绝不等于瞎想。敢想是在拥有见识和配得感的基础上，向自己提出更高的要求，并且愿意全力以赴地去做。瞎想则是盲目许愿，带着投机取巧的侥幸心理，不愿意付出任何代价，却盼望获得好结果。敢想的本质是风险共担，按照人生的蓝图，为了自己的目标，不懈努力。而瞎想的本质是白日做梦，并不想由自己来完成实现梦想的任务。

你有多大的想法，就会倒逼自己配置多大的资源。当我们知道自己的每一个想法都将由自己付出代价来实现的时候，这些想法就会变得非常靠谱，我们也更容易心想事成。一个人之所以能"心想事成"，本质上是因为他从来不会乱想瞎想，能够精准地看到自己在未来能达到的阶段，以至于每一个心愿都恰到好处地画在了自己的个人成长曲线之上。这要求一个人能够看到事物的本质，把握世界运行的规律，理解时间的作用。

10 倍比 2 倍更容易

关于未来，如果你不知道怎么想才算是敢想，有一个非常好用的法则——10 倍增长法。想象一下你的现状，如果在某一个方面获得 10 倍增长，会变成什么样子？能力提高 10 倍、收入增长 10 倍、效率提升 10 倍、资源增加 10 倍、行业影响力扩大 10 倍……如果达到以上任意一个目标，你的认知会是什么水平？你的心态会如何？你每天的生活节奏如何？情绪状态如何？而距离这个目标，你的差距还有多少？还需要做些什么？

硅谷的企业家教练丹·苏利文（Dan Sullivan）在《10 倍增长比 2 倍更容易》（10x Is Easier Than 2x）一书中写道，在企业经营中，10 倍的增长要比 2 倍更容易。这个原理虽然反直觉，但是仔细思考，就会发现的确如此。当我们追求 2 倍增长时，往往会沿着现有的思路走下去，左调整、右优化，希望把 2 倍的空间腾挪出来。这会掉入思维的陷阱，没有跳出来思考问题的本质。

10 倍增长的结果其实是质的飞跃，并不是简单地在 2 倍的基础上再增长 5 倍，而是要重新定义问题，从更本质的角度思考，寻找更有效的方法来达成更大的目标，不能局限于现有的小改进。为了达成这个目标，我们要：

（1）从根本上改变自己的思考方式，克服对原有路径的依赖；

（2）做出更明智的取舍，找到更本质的问题；

（3）充分挖掘自身的潜力，专注于能够产生巨大影响的领域，让自己的表现比之前好 10 倍；

（4）发挥好人际关系网络的杠杆作用，实现加倍效果，最终达成目标。

如果我们回想自己在成长过程中的关键突破，就会发现，每一次跃升都至少伴随着 10 倍增长，而不是 2 倍增长。

我实现在大学期间立下的赚 500 万元的目标，也遵循了 10 倍比 2 倍更容易的原则。达成这个目标的关键，就在于我 10 年前开始在公众号上写作。公开写作、持续输出就是获得 10 倍增长的关键动作，超越了在职场升职加薪的 2 倍增长模式。我沿着这个道路不断积累，输出内容、沉淀和出版畅销书、组建社群、持续运营，一路走下来，多年的积累形成了强大的复利，最终能够不断运行迭代，实现 10 倍增长。

很少有人会从本质上思考"一个人提升收入要做哪些事情"。很多人首先会想着提高工资收入，包括更努力工作、更长时间的加班，然后和领导谈涨薪，或者换工作跳槽，这条道路很朴素但也很艰难。在工作岗位上，一个人收入的增长空间是有上限的，因为企业会分走他创造的大部分收益。职场人的收入增长是 2 倍增长模型。

面向公众表达，持续输出文章，为读者创造价值，本质上是创立了一家一人公司，是 10 倍增长模型，甚至是上不封顶的。微信公众号、抖音、小红书等平台，有上亿甚至 10 亿级用户，你在这些平台上输出的内容，理论上可以触达任意一个人用户。你接触的每一个人，都有可能与你产生合作，甚至达成交易，这是你创收的可能。

你要做的是，让自己在某个方向的领域做到比之前好 10 倍，要么写出比原来阅读量高 10 倍的文章，要么帮助你的用户提高 10 倍以上的效率。只有积累足够多的 10 倍好，才能换来更多的 10 倍增长。

一个人就是一家公司

如果你感到迷茫，就把自己活成一家公司。当你把认知角度从个人变成公司，很多成长的问题就能迎刃而解。

开公司，一定要有核心产品。把产品卖给客户，产生的收入减去成本就变成了利润；利润可以继续投入生产，也可以兑现，用于改善生活。随着时间的推移，不断优化这个过程，公司就能变得越来越好。

如果把自己当成一个打工人，那么你的思考格局就会被限制，收入很容易遇到瓶颈；如果把自己当成一家公司，那么你就变成了超级个体，未来潜力无限。你会发现市场上有很多赚钱的机会，能否抓住它们，主要取决于你的认知能力、行动能力和积累的资源。当你发现市场最终会根据你的能力来对你做出公正的评价，而不是取决于某一个人，比如你的领导时，你就会更容易在行动中获得正向的反馈，也不太容易自暴自弃、怨天尤人了。

职场上的很多人因为只按照公司的流程工作，所以对市场的变化没有感知。他们每天忙着应付领导安排的工作，只承担自己的责任，按部就班地走着流程，却希望自己有更高的收入，人生的迷茫往往也来自于此。刻意学习能改变命运的关键就在于，我们可以通过学习消除这种认知盲区，看到世界的真相，从而让自己的行动更加有效率，减少无用的投入。

把一个人当成一家公司，就会迫使我们去思考：我们应该向这个世界提供什么样的价值？用什么样的产品和服务来实现？要帮谁解决什么样的问题？我们怎么找到这群人？我们如何让他们理解我们、信任我们，并愿意付费购买？我们提供这些产品和服务需要付出多少成本？我们把产品销售出去，又需要谁的帮助？

每一个人都需要与市场实际接触，经过大量实践的训练后，形成自己准确的认知，才能找到自己在人生发展中的正确位置。一个人的成长，是不能脱离市场而发展的，10 倍成长的空间需要用更大的市场来承载。

在商业社会，每一家公司都有自己独特的活法，只要能创造价值、赚到钱，公司就能持续发展下去，走出自己的发展之路。你会发现，一些学校的教育方式往往更重视学生的规训与统一，容易忽略孩子的个性特点。受到这种导向的影响，学生在学校里也喜欢孤立那些与众不同的同学。同时，家长往往也没有商业社会的认知，只希望孩子谋得一份安稳的工作。但这并不一定是最好的选择。一个有特点、有专长、有天赋的人，总会沿着自己的方向找到自己对社会的价值，从而走出自己的人生道路。他不需要去符合别人的尺度，不需要被评判、被审视，因为他本身就能成为一个独立的衡量尺度，创造自己的天地。

曾经有许许多多年轻又充满希望的种子，因为缺乏正确的引导和鼓励，没有被充分培养和训练，他们的天赋被浪费，发展的势头被泯灭。于是，一个个 10 倍增长的潜在可能，不断地被打压矮化，这是一件非常可惜的事情。

一个人就是一家公司。当你把自己当成一家公司，你就会发现你的人生才刚刚开始，前面有无限广阔的空间在等待着你。

改变命运就是持续创造 10 倍增长

如果想改变自己的命运，我们要思考的是如何先获得第一个 10 倍增长。有了第一个 10 倍增长，我们就能以此为基础，不停地寻找下一个 10 倍增长的机会。我们把一个又一个的 10 倍增长积累起来，就是在循序渐进地改变命运。

回顾我自己的成长经历，从县城到省城读大学，就是第一次 10 倍的视野增长。我的同学从来自周边乡镇，变成了来自全国各地；我思考的问题，从高考固定的知识考点，变成了专业领域里的全流程问题。我从本科毕业到清华大学读研，在研究领域走到前沿，也是一次 10 倍的能力飞跃。毕业走上社会，我开始写作，打造自己的个人品牌，创立个人成长的事业，帮助上万人获得突破，这又是一次 10 倍以上的增长。

人生的快乐就来自穿越云霄，不断向上走。每穿越一次云层，就是一次 10 倍增长。快乐不会来自停留在某一个层次不动，而是来自持续向上突破。这种快乐需要我们让力量集中到一个方向以克服平庸的阻力；如果停止用力，那么我们就会开始向下坠落，感受到的就是失重的痛苦。

不断追求 10 倍增长，本质上是在追求一种重点明确、方法科学、效率极高的生活方式。我们会抓住自己的人生主线，舍弃大部分干扰与无关选项，减少自己的内耗与纠结，让人生变得更加清爽。我们不会害怕错过与失去，因为我们知道自己想要什么，从而敢于大胆舍弃。这种状态会更加有助于我们在自己的领域做出更大的成就，这就是改变命运的正循环。越是努力改变命运，命运就会越来越好。

如果我们停下了增长的脚步，想着躺平或歇歇脚，就相当于在社会发展的洪流中逆行，反而会遇到更大的阻力。表面上看，躺平让我们更舒服，不追求目标让我们没有压力，但是人生最大的压力源，其实是时间流逝和年龄增长带来的恐慌。这也是驱动我走向自我改变的强大动力之一。我曾经因为害怕自己在 30 岁一事无成而开启了自我改变之旅。写作就是我采用的自我改变的方法之一。

自我改变，除了要面对内部的心理斗争，也要面对外部的一些干扰。我刚开始写作时，有些老同学以及读者这样评价我："虽然天天写，但写得不咋样。"多年以后，当看到我还在持续写，并且文章写得越来越好，甚至出版了几本书，我也变成了畅销书作

家的时候，他们内心又充满了羡慕，于是自己也开设了公众号开
始写，表示后悔自己没有早点开始行动。

当一个人获得了 10 倍成长时，可能也会遭到 10 倍嫉妒。嫉
妒最有可能来自那些完全没有成长的人。他们在看到别人行动时，
内心深处可能也动摇过，但是马上能找到足够多的理由来掩盖内
心积极的信号。于是，他们一般不会主动提供必要的帮助，也不
会保持沉默，而是觉得别人追求目标的行为"颇为吵闹"，心生
不悦。

但凡在生活中获得 10 倍结果的人，都知道努力的背后意味着
什么，都知道英雄惜英雄。凭借这种敏锐的嗅觉，他们能在生活
中不断筛选并结交到同样能创造 10 倍结果的人，于是世界就开始
分化成不同的圈层。人的一生很宝贵，要多与支持自己成长的人
在一起，避开那些只会消耗你能量的人。构建高效的人际网络，
也是改变命运的途径之一。优质的人际关系网络，能够让我们创
造更多的 10 倍增长。

一谈到改变命运，有人就会想到成功学，但成功学是用你的
成功梦想去成就他人的成功。改变命运则是发现人生使命，绘出
人生蓝图，修改人生底层结构，升级个人成长系统，通过一轮又
一轮的 10 倍增长，最终塑造完全不同的命运轨迹。

你想要成为什么样的人？想过什么样的生活？对于这些问题
的回答，会决定你的未来。

为什么普通人一定要追求个人成长

普通人的本质

在网络上，有人用 4 个"没有"来概括普通人的特点：没有钱，没有显赫的社会背景，没有人际关系资源，没有社会资源。我觉得这句话说出了普通人的本质。成长的第一步，就是认识并接受自己的普通。人只有对自己的定位非常清楚，才不会走弯路。

社会心理学的研究表明，人都会有"自我服务偏差"，即在潜意识里认为自己"高于平均水平"。这种美化自己的心理倾向，会让我们内心对"普通人"这三个字产生抵触情绪。尤其是在高考中取得了好成绩、获得了高学历的人，内心往往有强烈的优越感，从来不会觉得自己普通。这会让他们无法正确认识自己，从而在成长过程中付出代价。

经常有人对我说："你毕业于清华大学，比我们更优秀，不算普通人。"我当年就是因为相信了这个说法，差点掉进一个很大的坑。在清华大学生活学习的那些年，我时刻感受到很多优质资源都倾注在我的校园里：优越的学习条件、高水平的老师和同学、

格外便宜又美味的食堂饭菜；每天都有机会听杰出校友的讲座和
全球各地的精英分享。我感觉自己意气风发，未来可期。

当时的我并没有意识到，这些优越感来自学校投入的资源，
并不直接代表我的个人能力。一旦毕业离开校园、走入社会，我
就需要做出成绩来证明自己。如果不调整心态，树立正确的态度，
就会走弯路。走上社会，人海茫茫，没有人会因为我是清华大学
的毕业生而提供额外的待遇，甚至会对我提出更高的要求。如果
我做得好一点，别人会说这是清华大学的毕业生应该做的；如果
我做得和别人差不多，别人就会说清华大学的毕业生也不过如此。

学历这个标签，既是一个人过去学习行动的结果，也会成为
未来发展的负担，甚至可能会成为一个人的人生最高成就。如果
没有正确的理念引导，泯然众人是极有可能发生的事情。如果想
拥有更好的成长，就要从正确认识自己的普通开始：没有钱，没
有显赫的社会背景，没有人际关系资源，没有社会资源——这就
是每个普通人在社会发展的起点。

高学历普通人的挑战

值得注意的是，普通人的 4 个"没有"中，并不包括"没有
高学历"。学历是一种无法在社会上直接兑现的标签，尤其是在教
育越来越普及的当下，学历对个人发展的推动作用已经越来越有
限。如果一个人没有钱、没有显赫的社会背景，没有人际关系资
源，没有社会资源，但是有学历，却不追求个人成长，就会变得

非常可怕：他能够合理化一切自己所面对的现实。

我有一些亲戚是 20 世纪 90 年代的大学生，他们平时最喜欢挂在嘴边的就是自己的重点大学本科学历，开口必谈"我当年"。在那个年代拥有本科学历确实是一件很厉害的事，但是除此之外，他们在后续的人生中，既没有创造更高的事业成就，也没有让家人过上幸福的生活。与他们相处，我会感到极度不适。他们会把自己 30 年前的"英雄事迹"时刻拿出来说教，以自己当年多能吃苦来论证现在年轻人一代不如一代。直到我考上了清华大学，他们才终于收敛了一点，不在我面前说这些了。

高学历人士人生的最大挑战就是需要持续跨越已经取得的成就，不断突破新的高度，否则我们就会一直活在过去的世界里，躺在功劳簿上。

一旦打破了学历光环，我们就能正视自己是一名需要成长的普通人。如果一个人不把时间投入在成长上，持续积累，而是停留在自己有一个高学历上沾沾自喜，就是一件非常危险的事情，他的家人也要为他的自大买单。

学历可以是个人成长过程中一个值得追求的目标，很多人命运的改变，就是从提升学历开始的。但是，我们不能让自己的目光聚焦于学历本身，否则我们总有一天会发现，那些我们认为可以成就自己的，恰恰才是我们发展最大的限制。

普通人更难成长，也更要成长

马太效应告诉我们，强者恒强，弱者越弱。强者的个人成长就像平地起高楼，普通人的成长则要先从填坑开始。

普通人成长的第一个坑，是来自内心的深深的自卑感。知道自己某些地方不如他人，从而内心会产生一种不配得感，而这种想法会伴随着在成长过程中不断遇到更优秀的人而强化：觉得自己不行，或者做不到，会自我设限，甚至开成长倒车。同时，一个人有多少自卑心，就会寻找多少优越感来弥补。积极健康的优越感是克服自卑，获得发展，而不健康的优越感是寻找刁钻的角度，让自己感觉良好，这会让人失去成长目标。

普通人成长的第二个坑，是受原生家庭影响而产生的自我认知盲区。一个人越向上走，就会发现自己需要"补课"的地方越多，而这些缺失往往会和其原生家庭的影响相关，更关键的是由于他已经习以为常，往往难以意识到。张雪峰说过："穷人家的孩子走向社会成熟，至少要晚 10 年。"为人处世、精神状态、健全人格，这些高级又复杂的隐性知识，学校不教，父母也不懂，孩子要通过碰壁自己悟。关键时候没有过来人点拨，成长的速度就会很慢。

普通人成长的第三个坑，是对社会规律认知的局限。由于缺乏引导，很多人在走上社会后，仍然带有很明显的好学生思维，即凡事需要找到标准答案才安心，需要获得他人的夸奖或者肯定才能持续做事。他们往往有严重的"金钱羞耻症"，即对他人的成功经历进行道德审视而不是学习他人的经验，不敢与人谈钱，不敢直面自己的利益诉求，用道德感来自我约束，而不用更高的价值来换回更大的收益。

由于这些深坑的存在，普通人的成长更加困难。更可怕的是，一个人如果在自我成长上没有获得突破，其缺陷就会原封不动地传递给下一代，形成代际创伤。在家庭传承中，优良品质传不动，缺点陋习却一个不落。

如果我们不追求个人成长，不想方设法变得更好，那么这些束缚着我们、让我们发展受限的各种缺陷，就会在下一代的身上继续出现。我们曾经受到的苦难，也会在未来重演。

让自己变得更好，是人生问题的终极解法

《现代汉语词典》对"成长"的解释是："向成熟的阶段发展；
生长。""个人成长"是指个体在各个方面不断发展、提升和进步
的过程。通俗地讲，个人成长就是一个人在人生蓝图的指引下，
在刻意学习的帮助下，从普通人到高手，再从高手变成大师的不
断变好的过程。

每次谈到不断变好，人们的想法就会出现分歧。一种想法是，
凡事不可能一直都能变好，毕竟事情总会有尽头，到了那个时候，
人就会停下来，能保持不变就不错了，甚至会慢慢变差。另一种
想法是，不管处于什么阶段或场景，遇到什么事情，人总是可以
想方设法再多做一些工作，继续努力优化，让事情变得更好。

这两种想法，本质上是两种不同的人生道路。两种持有不同
心态的人，因为看到的世界不同、采取的行动不同，最终拿到的
结果也不同，双方都在自己的世界里形成了闭环。为了便于讨论，
这里称前一种为固定型心态，后一种为成长型心态。

放弃固定型心态，拥抱成长型心态

持有固定型心态的人认为，人的智力是固定的，相信天赋和智力是先天决定的，没有改变的余地，也不会试图努力改变。这样的人很注意维护自己的形象，害怕犯错与失败。他们认为，一旦犯错或失败，就是证明自己不行。他们无法接受"自己不行"这个负面评价，宁愿遇到问题先甩锅给他人。他们害怕不确定，如果不是被外力驱使、被强制要求，他们就不会主动改变，因为主动改变就意味着要承担责任和风险。

持有成长型心态的人相信智力和能力是可以改变的，也愿意努力付出行动去改变。如果犯错了，他们马上会说"我做错了"。他们如果遇到失败，就会从失败中迅速学习，而不会将失败当成对自己的否定。他们更关注自己的成长，而不是他人的评价。他们没有"玻璃心"，愿意尝试新事物，关注自己能从一件事情中学到什么，也希望通过尝试获得更多的提升机会，发现更多可能。

我在课堂上做过很多次调查，请大家评估自己持有的是哪种心态。一开始，绝大多数人都会认为自己持有成长型心态。当我把两种心态对应的行为逐一列举出来，大约有一半的人发现自己持有的其实是固定型心态。由此可见，哪怕是持有固定型心态的人，也仍然希望自己表现得像是持有成长型心态。每个人都希望自己积极进取，虽然未必都能做到。

霍金说过，即使宿命论者，也会在过马路之前左右看看。这句话揭示了一个非常有意思的道理：一个人说了什么不重要，重要的是他做了什么。成人往往善于伪装自己，构建强大的场域，塑造自己的全能形象。但是在全方位、无死角的生活中，人们会展示出自己的本来面目，让别人看到他们最真实的样子。

判断自己持有的是固定型心态还是成长型心态，主要看自己的实际行为，而不是看自我评价。如果你在做事时，存在耍酷炫技的心思，希望别人认为你很厉害；如果你习惯说自己不适合做什么，经常把自己不是做某件事情的料挂在嘴边，极度害怕犯错与失败；如果你经常被自己假想的困难吓得无法行动；如果你看到一些新的观点挑战了你原有的认知，就不经仔细思考和研究，马上得出否定的结论……这些行为都是固定型心态的表现。而拥有上述行为的人，偏偏还会认为自己持有成长型心态，毕竟人人都知道固定型心态不是一种好心态。

我组织读书活动时①，经常鼓励大家交流对某一问题的看法。有的人因为害怕自己说错话，不敢表达。这种心态的本质，是不希望别人觉得他不行，害怕别人对他做出不好的评价，哪怕这些评价是中肯的、真实的、有益于提升的。固定型心态的人害怕犯错，宁愿失去进步的机会。而成长型心态的人会把说错话当成一次进步的机会。他们会根据他人的反馈进行总结复盘，提出改进方案，并通过实际行动来提升。这样，他们就把错误转换成自己的进步，同时还改善了人际关系。

---

① 自 2017 年起，我每年会组织不同领域的专题读书活动。截至 2025 年 3 月，该活动已经举办了 22 期，共读了经典图书近 100 本，涉及不同的主题。大家可以在公众号"持续力"（微信号：scalerstalk）回复关键字"书单"，即可免费查看具体书目。

我们总会在生活中无意识地暴露自己的真实想法，从而展示自己最真实的状态，但对此我们往往难以察觉，并且容易自我感觉良好。这种认知的反差，就是我们个人成长的重大盲区。除非我们拥有强大的系统思考与复盘能力，或者在生活中有良师益友愿意给我们指出来，否则，我们会因为自己身上的缺陷，在实际生活中遇到各种各样层出不穷的问题，从而疲惫不堪。

如果我们想从根本上解决这些问题，终极解法就是提高水平，让自己变得更好。

解决问题最好的方法是提高水平

人生就像在海上航行。露出海面的礁石会阻碍船的前行，我们很难打碎坚硬的礁石。但是，如果我们能够把水面升高，把礁石淹没在海底，这些礁石就不会成为我们前进的障碍。

海面上露出的成片礁石，就是我们生活中要面对的问题。只要有一个问题没有处理好，我们就无法前行。普通人生活中的问题大部分来自 4 个"没有"：没有钱，没有显赫的社会背景，没有人际关系资源，没有社会资源。以 10 倍增长的格局追求个人成长，让自己变得更好，实现降维打击，就是这些问题的终极解法。

个人成长就是提高水平。你不能和坚硬的礁石死磕，而是要抓住主要矛盾，提升海平面。海水足够将礁石淹没于海底，航船才能自由航行。礁石沉于海底，对你再无影响。在海底长时间被侵蚀，礁石自然就会慢慢崩解。

　　观察一下我们所处的社会，也能发现同样的道理。当一个行业快速发展时，预期向好，资本密集涌入，创业创新增加，从业者收入增长，人们的脸上洋溢着幸福的笑容。想到能够换来以后更大的回报，人人都会充满干劲，拼命投入。既然大家都有做大蛋糕的机会，就没有人会挖空心思搞内斗，人与人的关系会变得简单和直接。在看好未来的情况下，人们会提前规划，加大投入，增加支出杠杆，甚至愿意超前消费，这也会带来其他行业的发展。

　　当经济萧条，行业进入下行通道时，资金收缩，企业活力减少，甚至裁员撤厂，职场就会变得极度内卷。蛋糕不能一起做大，你多切一块，我就少切一块。于是上级和下级之间开始控制和反控制，人们不再思考如何开拓市场，而是优先搞定领导，踩踏同事。职场开始追求无意义的加班，人们被迫搞形式主义与表面文章，人际关系出现更多的摩擦。如果人们不再看好未来，就会更加保守，不愿意花钱，提前还贷，增加储蓄，减少资金流动，也会带来其他行业的收入减少。

　　在过去几年，很多人经历了上述两个不同的阶段。有了这些不同感受的对比，我们就更能理解：如果社会不进步，行业不发展，我们的个人生活就没有期盼的方向，就会遭遇很多新增的烦恼。如果我们不追求个人成长，水平没有提升，礁石就会成片地露出来，阻碍航船前行，那么我们的事业、生活、家庭都会受到影响。

人生最怕虚假的稳定

说到成长，很多人内心的第一反应是："我年龄已经很大了，工作了很多年都没有什么大的变化，我已经不再需要成长了。个人成长是年轻人的事情，你们自己追求就行了，不用再带上我了。"也会有人说："我的工作很稳定，我的后半生都有保障，我不需要有什么成长，只要慢慢混着就可以了。"还会有人说："我已经躺平了，不需要努力了，不想要有什么目标，我每天能活着就可以。"

人生最怕的就是虚假的稳定。有的人大学刚毕业就想找到一份可以干到退休的工作，但其目的不是专注于一个行业，而是想一旦熟练就不需要提升技能，过上轻松的日子。有的人以为自己的职业很稳定，从来不关注社会趋势的变化，认为即使遇到大风浪，组织也不会不管，于是感到岁月静好，充满优越感。

这些想法都是一厢情愿地沉溺在自己给自己构建的宏大叙事里，进行自我催眠。产生这个行为更深层次的原因是自卑心态：我是一个普通人，是一个弱者，我觉得自己不如别人，需要找到一个更强大的事物来依靠。这个事物，既可以是某个人，也可以是某个组织。我们只要观察一下就会发现，有很多人认为"女人必须依靠一个男人"或者"普通人必须有一个'铁饭碗'"，认为只有这样的人生才算是有价值的。

这是一个自我实现的预言，相信的人就会认为它是对的，并去验证它；不相信的人也同样能够证伪它。当一个人认为自己无法成长而是需要依附时，就会停止追求自我发展，从而把精力放在怎样获得依附的机会上，等待被筛选，被驯化。这样，自己的能力也无法得到很大的提升，便进一步确认了之前的选择是正确的。

这也是一种弱者心态。弱者心态最大的问题就是，试图以激发他人怜悯的方式来持续获得好处。看上去走了捷径，无须付出变强的代价，但其实是走了弯路，冒着随时被人伤害的风险。我们被人尊重，被人认真对待，并不是因为我们善于示弱，而是我们足够强大，可以充分发挥自我价值。真理只在大炮的射程之内，如果我们把刀子递给别人，就不能指望别人不会捅回来。

稳定是人性中的贪念，本质上是想迎合自己的懒惰，让自己能够不劳而获。减少劳动的最佳方法其实是正视劳动，想方设法提高效率和产出。如果我们想通过逃避劳动追求稳定，最终结果反而可能是要付出更多不必要的劳动。

真正的稳定应该来自这样一种状态：持续保持对社会的关注与投入，不断解决生活中的问题，刷新自己的目标，不停地迭代调整，让自己变得更好，精益求精，永远在路上。

为此，我们要时刻洞察自己的内心，看看自己有没有躺平歇脚的想法。如果我们产生了这种想法，就说明我们的心态出现了问题：我们已经不再关注形势的变化，不再跟进行业的发展，而是希望让时间停留在当下，一切保持不变，自己能够舒舒服服地坐享其成。

我们大脑中理性的那部分知道，这是不可能的。社会的发展本质上就是年轻人在成长，这需要不能再带领年轻人前进的老人让出位置。而老人往往不愿意主动让贤，于是年轻人只能弯道超车，通过发明更新的技术，另立门户，实现颠覆式创新，从而重新分配利益格局。

这就是一代又一代社会变革浪潮的核心所在：后浪不断把前浪拍在沙滩上。假如我们没有在任何一次变革中享受到时代红利，却又有躺平歇脚的心态，就是一件非常可怕的事情。

医学知识告诉我们，长期卧床躺平、完全不动会造成某个部位的皮肤受压，影响血液循环，从而引发皮肤溃烂，组织坏死，甚至形成褥疮。对于这种情况，患者需要及时翻身，拍打减压，以保持良好的皮肤状态。如果我们工作稳定，内容重复，那么我们长期适应工作流程后，付出很小的努力就能达到相同的结果。但是这也会造成思维僵化，本位主义，导致我们不会贴近市场去了解行业的变化，无法及时地做出反应。

新趋势崛起时，往往体量小、增速快，释放出不强烈但很关键的信号。如果我们长期思维僵化，就很容易忽略这种细微的变化，直到初步的端倪变成迫切的形势，才被迫响应。最终，我们可能会获得最差的结果：被降薪、被裁员、被替代。

2018 年，唐山市撤销所有收费站，失业的收费站工作人员集体反对。有人表示"我今年 36 岁，除了收费，啥也不会"，这句话火遍全网。如果我们长期从事一项工作，轻松又稳定，这背后一定积累了大量的隐藏风险。这些风险迟早会在某一天暴发，给我们一记重击。

从某种意义上讲，正是因为这个社会有很多人选择躺平，才给其他人的成长创造了机会。我们一定要想清楚，我们到底是想做那个把握成长机会的人，还是不得已给别人让步空间的人。

人生突破的 4 个关键要素

个人成长是在人生蓝图的指引下，由个体主动发起，以突破局部为导向，持续演进的行为过程。领悟这 4 个关键要素的奥义，你就能为自己的人生突破打下扎实的基础。

主动发起：打破小透明心态

在生活中有这么一类人：在人际交往中，他们不会研判形势，提前行动，而是简单重复同样的动作，直到遭遇挫败后，不得已才改变。他们也不会主动调整与他人交往的边界，让双方保持最佳状态，而是不断地向前试探踩踏，直到对方发怒后才道歉，试图修复关系。

一个人在生活中遇到诸多困难，未必是因为他天生命途多舛，有可能是因为他做事欠考虑、不主动，不会提前调整方向，等到问题持续酝酿，最终爆发后，才会幡然悔悟。这种生活状态，和他不够主动的行为模式有着密切的关系。

　　人生突破的第一个关键要素就是主动发起，这意味着要做出选择，承担责任。成人要想追求进步，就一定要改变习惯被推着走的行为模式。很多人在职场和生活中从来都不会主动思考，而是被形势或者他人要求后，才会采取行动。同一件事情，我们主动承担去做和被要求去做，付出的代价可能相同，但产生的效果是完全不同的。

　　主动代表你可以做出选择，被动代表你没有选择。我们要想向上发展，就必须主动出击；如果被动等待，就只能反向被人筛选。在成长的过程中，我们往往会因为循规蹈矩而被奖励，因此很多人并不会思考，是谁在生活中给自己画了条条框框，设置了各种限制，从而形成了内心无形的障碍。甚至有的人会在生活中主动寻找这种限制，把自己束缚起来，让自己感觉有安全感。人生是一望无际的原野，每个人都可以在上面走出自己的道路，而不是只能循规蹈矩地遵循他人规划的道路。毕竟每个人只活一次，我们必须为自己的人生负责。

　　"主动发起"的意义在于打破小透明心态，意识到成长是自己的事情。小透明心态的本质是以"我很普通"为借口，为自己搞"特殊化"，从而为自己谋求优越感。因为自己是小透明，所以主动把自己归为弱势群体，既便于对他人进行道德绑架，也能掩饰自己的不合理行为："我都说了我是小透明、底子差，所以我做得不好，你们不能指责我。"越是小透明，越要主动行动，越要用行动改变状态。

突破局部：用目标引领行动

我刚参加工作时，还处在迷茫期，不知道自己未来要往哪个方向走。每天忙于工作，原有的同学各奔东西，认识的新朋友也不多，没有人可以和我交流。想做一些事情，但缺乏行动力，往往半途而废。我感觉生活非常压抑，仿佛有四面高墙把我围了起来。

突破局部就是在目标的引领下，打破当前相对稳定的处境，进入新状态。普通人的生活之所以普通，是因为其一直被困在某个局部，每天接收到的信息、思考的问题、见到的人、活动的范围都是极为有限的，就像井底之蛙。

局部是指以你所在的当下为中心，周围的一个连续空间。它既可以指物理空间，也可以指抽象的状态空间。局部就是我们的舒适区：我们现在是什么样，每天做什么、想什么，什么时间在什么位置……很多人的生活就镶嵌在某个局部中，就像一只蚊子，撞到了生活的蜘蛛网，被牢牢地卡在那里，不能轻易动弹。一旦被困住，就意味着我们没有太多变化的可能，无论能力、收入、心态，均是如此。

要想成长，就一定要突破局部，主动采取行动，打破现有舒适区：无论学到新的知识、收获新的感悟、采取新的行动，还是获得新的体验。每一个成长目标，都可以由一次又一次小的突破组成。一旦我们习惯了持续突破，就能逐步实现显著的改变。

如果我们放弃了突破局部，就会慢慢习惯围于各种困境，给自己找到足够的理由来论述这样就是合理的。在互联网时代，当井底之蛙遇上了井底之蛙，他们就会惺惺相惜，联手嘲笑生活在地面上的正常人，这样的事屡屡发生。

当你回顾自己持续突破局部的行为过程时，就可以看到自己的成长轨迹了。

持续演进：不下牌桌就能赢

从小到大，家长经常对我们说的一句话就是："等你长大了 /等你考上大学了 / 等你成年了，你就能……"长期沉浸于这种观点，我们的潜意识就会被植入一个信念：人的成长有一个终点，一旦到达，就会进入了一个十全十美的理想世界。

为了这个虚无缥缈的美好终点，我们变得格外有毅力，认为当下吃的苦都是暂时的，受的罪也是应该的，因为以后可以兑现一笔更大的回报。这是一种有限游戏思维，在有限游戏中，我们会盯着一个确定的目标疯狂努力，为了达成目标不择手段，甚至不惜牺牲长远利益。等我们真正达成这个目标后，就会发现一切并不像当时其他人描绘的那样，我们只是被画了一个巨大的饼，这时的我们就会进入崩溃时刻，感受到被欺骗。

"持续演进"精准地刻画了成长的真相：个人成长不是一劳永逸的事情，而是一场永不停歇的旅途，你必须一直在路上，必须不下牌桌，永远面对未来不确定的变数。真正的成长是一个不断达成目标，又不断立下新目标的过程。

当取得了很好的成绩时，我们要告诉自己保持冷静，好运未必会持续相伴，如果麻痹大意，犯下的错误会让我们丢掉已有的优势和成绩。当我们在生活中遇到挫折，灰心丧气，甚至准备放弃时，不下牌桌的理念也可以给我们最有力的鼓励，毕竟花无百日红，没有人可以一直站在舞台中央，但是我们可以选择持续追求进步。

只要不下牌桌，终究有机会赢。

行为过程：注重过程，拿到结果

作为一名已创作 10 年的个人成长博主，我经常会收到这一类苦恼：遇到危机，希望改变，想通过学习新技能或者参加考试来达成目标，但是又担心做不到会吃亏，甚至因为这种担心让自己陷入内耗，影响了自己追求目标的行动。

人生突破最后一项重要的因素，是正确认识行为过程与结果的关系。成长一定要有目标。针对这个目标，我们主动发起行动，突破局部限制，经历持续演进的过程，最终才能拿到结果。这个结果是针对目标而获得的。在没有目标引导的情况下，拿到结果算是先开枪后画靶，属于意外收获。

假如我们达成了目标，拿到的结果和追求的过程就会改变我们；假如没有达成目标，虽然没有结果，但追求的过程也会改变我们。从这个意义上讲，只要你有行动，突破了局部，你就会有所收获。

达不成目标也是生活的一部分。没有拿到结果的原因可能有很多，目标设定不合理，行动过程不到位，思想认知有缺陷，甚至市场行情有干扰，等等。这些要素都有可能影响我们拿结果，但是我们不能因为有失败的可能就放弃对过程的重视和把控。

过程和结果相互孕育，相互成就。人的一生，都是走向死亡，这样的结果，每个人都相同。但是人的一生却可以因为过程的不同而绽放出不同的光彩，而过程的差异，又会体现在每个阶段的不同结果中。结果被过程串联，点缀出人的精彩一生。

成长既是一个过程性概念，也是一个结果性概念。过程的意义在于持续行动，结果的意义在于突破局部。当我们做了很多事情，再回头看时，就会发现我们离最开始出发的地方已经有很长的一段距离，自己也发生了很大的变化。这时我们就可以说，自己在经历过这些后有了成长。我们一直在成长，这就是过程，我们最终长成的样子就是结果。

循序渐进，改变命运

如果把改变命运当成目标，这个目标就可以被拆解为更加具体的 3 个方面：职业发展、社会关系和家庭生活。每个方面又可以细分出很多明确的方向，在这些具体的方向上，我们都可以应用 10 倍增长的思维来思考怎样变得更好。当我们在这些领域持续突破时，我们就是在循序渐进地改变自己的命运。

职业发展：提升赚钱能力

人要成长首先得生存；要在社会上生存，就要有赚钱能力；而我们在社会上持续赚钱的方法，就是我们的工作。从进入学校开始，我们就应该发掘并发展自己的专长，思考自己以后要从事什么职业，并根据职业所需打造自己的能力，最终构建起自己的人生事业。具体来讲，我们可以从以下角度思考如何提升赚钱能力。

1. 专业技能

任何职业都有技能树①。种好自己的技能树并以此为基础构建专业壁垒，为他人提供产品或服务，就可以获得回报。从入行开始，我们就要思考自己在专业技能上有哪些提升的空间。一个人的技能水平越高，就意味着他在市场上的议价能力越大，赚钱能力也越强。我们可以找出自己专业领域里的大师，研究他们的成长轨迹，了解他们当前关注的问题，以他们为标杆，激励自己前进。

2. 认知能力

认知就是我们看待自己、看待世界的方式与方法。对于同一件事情，不同人的认知不一样，解读方法不一样，会决定其采取的行动不一样，情绪与感知也不一样。提升认知，就是要消除自己的认知盲区，培养自己一眼看透本质的能力。这样，我们在做事的过程中就能提前规避风险，降低问题发生的概率。我们可以把自己脑海里的信念和观点逐条写下来，然后分析与之相反的观点，从而快速提升自己的认知能力。

3. 眼界和视野

眼界和视野就是你所认为的世界的样子。人们对世界的认知，不仅由自己的学习成长经历所决定，也会受到周围人的影响。如果你意识不到周围的人如何塑造你，你的成长就可能受限。拓宽

---

① 针对英语的学习，我整理了一份"英语核心技能树"干货材料。如果你想获取这份材料，可以在公众号"持续力"（微信号：scalerstalk）回复关键字"技能树"，即可免费获取。

自己的眼界和视野，本质上是要打开思路，看到世界更多的可能性。读更多的书，见更多的人，做更多的事，去更多的地方，对生活做更多的观察和思考，都是拓宽眼界和视野的有效方法。

4. 收入水平

收入水平是成长最直接的检验，是职场给一个人最真实的评估。一个人在职场上工作几十年，收入有没有不断增长，收入的结构有没有持续优化，是不是越赚钱越轻松，这些都会因其成长而变化。提升收入水平，本质上是要让自己在人生的不同阶段都能有稳定的现金流，让自己有更多的选择。

社会关系：与靠谱的人合作共赢

人是社会性动物，离不开社会生活，因此必然要与他人合作。提升与人打交道的能力，是每个人的成长必修课。一个持续成长的人，与他人的合作能力是持续提升的。物以类聚，人以群分。我们要思考自己想与什么样的人结交与合作。当我们变得更靠谱后，也会遇到更靠谱的人。具体来讲，我们可以从以下角度思考如何提升合作能力。

1. 识人能力

在社会合作中，快速识人是每个人都需要的一种能力。同样一件事情，不同的人执行往往会产生不同的效果。提升识人能力，就是要让自己在与人交往的过程中，能够通过行动、语言、表情等细节，实现对人的准确判断。识人准确可以提升自己成事的概率，提前降低爆雷的风险。选择与靠谱的人交往，形成稳固的社交关系网络，是实现个人成长的有力保障。

2. 向上社交

一个人的水平，可以从其社交圈看出来。有的人只愿意与比自己水平更低的人交往，喜欢享受全面的碾压感，喜欢活在别人崇拜的眼神中，这是自卑的表现。真正积极的社交，是努力发展自己的特长，并且以此为基础结识更优秀的人，洞察对方的需求，提供价值，同时也收获回馈。向上社交并不是向上巴结，而是通过社交持续进步，天天向上。

3. 换位思考

换位思考是在与人交往的过程中释放利他、靠谱、可合作的信号，从而筛选出具有同样特质的人。换位思考的人拥有更强的认知能力，能克服人性中的自私心，站在对方的角度思考问题。他们能体会对方的感受，可以为对方构建安全感，与对方坦诚地讨论问题。这种利他是更高格局的利己，能在长期为自己换回更大的收益。

4. 合作能力

从本质上讲，合作能力是与他人协作，完成共同目标的能力。一个人成长的水平越高，越需要与其他专业人士合作，创造更大的收益。有的人因为害怕与人合作，一直逃避与人沟通合作的问题，这最终会影响他在人生中所取得的成就。擅长与他人合作的人，更容易与他人深度链接，感受到人生的幸福。

家庭生活：与谁共创幸福感

1. 身材和长相

追求更好的身材和长相的本质是身体素质的管理与提升。身材更标准的人会传递出积极健康的信号，也是其自律的体现；更精致的长相代表的是自我雕琢的更高价值。我们很大概率不会拥有完美的身材和长相，但是我们可以用完美的态度来面对我们的现实：诚实面对，积极行动，不断优化。

2. 生活习惯

生活习惯直接关系到我们的身体健康。很多人会以工作繁忙为由，养成很多不良的生活习惯，最终让身体付出代价。例如，定期打扫卫生可以保持生活环境的整洁，减少细菌的传播；在饮食中控制糖的摄入，控制体重；在睡眠时注意监测呼吸状况，及时发现及应对呼吸暂停现象，关注心脑血管疾病的潜在风险；保持牙齿清洁，清除牙菌斑，预防口腔问题；定期体检，预防身体可能出现的问题。这些习惯在平时只需花费很少的时间，就能明显改善我们的健康情况。这也是 10 倍增长思维的体现。

3. 两性关系

两性关系的本质是与异性终身合作的能力：两人从陌生到相

识，再到相知、相爱，最终组建家庭，相伴终身，完成从个人成长到家庭成长的过渡。从本质上讲，一个人对两性关系的把握是对自我人性的认识与改造。这涉及如何更好地认识自我，如何尊重和理解自己的伴侣，如何思考方式从以自我为中心过渡到以家庭为中心，如何处理好自己与原生家庭的关系。

4. 家庭关系

家庭关系是人生最深度的合作关系，也是人生终极幸福感的来源。我们不仅需要处理好夫妻之间的关系、原生家庭与新建家庭的关系、上一代与下一代的关系，还要处理好家庭中的各项事务，统筹家庭的资产与资源，照顾好家人的身心健康。只有这样，一家人才能团结奋斗，各司其职，齐心聚力，获得更大的进步。

避免两种极端的成长心态

可以看出，个人成长并不局限于读书学习，而是体现在方方面面，每个方面都可以有 10 倍增长的空间。当看到这么多任务细分方向时，人往往会出现以下两种错误的心态。

第一种心态是完全躺平。这类人会想逃避，不直接面对，也不希望承担责任，认为这些事过于繁杂。持这种心态的人，很有可能仍然处在基本生存的挣扎阶段，确保自己不饿死是第一要务，将其他事项全部抛诸脑后。

当人的基本生存需求被满足后，其对成长的需求就会愈加显现，这是人的本性，也是人类社会发展的客观规律。当一个人拥有了基本的物质生活条件后，在精神方面就会有更多的追求，而个人成长、自我实现就是精神追求的重要组成部分。成长就像一款人生游戏，每个人都是玩家。一款游戏可以有很多种玩法，但是高级玩家和初级玩家看到的世界是不一样的。

第二种心态是马上全要。持这种心态的人看到未来美好生活的蓝图就着急兑现，恨不得马上拥有，这也是不现实的预期。人的改变，需要时间投入，我们容易高估自己 1 年的变化，也容易低估自己 3 年的变化，以 10 年为期持续成长的结果更难预测。我们可以非常努力，但是千万不能着急。

人应该了解自己，而了解自己也是世
界上最难的课题。

——塞万提斯

认知升级，重新认识自己

第二章

消除灯下黑，拨动命运的齿轮

一旦明确了自己的人生蓝图，第二个关键步骤就是重新认识自我。只有知道自己当前处在哪个位置，离目标有多远，才能通过努力更快抵达。要做到这一点，最关键的是消除自己的认知盲区，解决灯下黑的问题。出现认知盲区的人，有以下两种情况：

（1）有认知，但其认知是错误或扭曲的，他已经在为此付出代价，自己却不知道；

（2）没有认知，他已经在为无知付出代价，自己却不知道。

一个人的认知，就像深夜里的探照灯，他的认知照亮之处，就是他所认为的世界；他的认知盲区就是灯下黑，是认知照不到，他也不知道其存在的地方。由认知盲区所形成的错误理念，会进入我们的潜意识，跟随着我们每天的所思所想，深刻影响我们的言行，我们对此毫无察觉，却一直在为此付出代价。

认知盲区的产生

认知盲区的产生，主要受到自我本能、原生家庭、社会环境三大方面的影响。

1. 自我本能的影响

我们自出生就标配一个已经进化了上万年的人类大脑。大脑的基本属性决定了我们人性的底色，其中很重要的一条就是利己。我们都希望自己好，于是会本能地回避某些问题。问题代表麻烦，意味着生存的风险。因此，对于利己的大脑而言，回避甚至否认问题，要比解决问题更省时省力。

如果没有经过后天的刻意学习，那么我们就会遵循这种本能来行动。但是这种本能并不符合成长的最优策略。如果我们不能意识到并且调整自己的本能行为，那么我们就会在个人成长的道路上随波逐流，难以抵达新的高度。

要想意识到自我本能，首先就要认真觉察，不要忽略内心的信号，而是要敢于追问自己内心的感受与想法。你可以观察一下自己的心理状态，当有人说你可能存在某个问题时，你是否会产生情绪波动和抵触心态？当你感受到问题的确存在，却又想否认的时候，是否会出现逃避或争辩的欲望？你是否能沉下心来与自己相处，而不是采取一种玩世不恭、防御性很强的态度去回避问题？如果你能察觉到自己内心情绪的涌动，并克制自己的冲动行为，同时做正确的事情，那么你就是在消除自己的认知盲区。

内心真实的感受和想法有时是转瞬即逝的，因为我们会做出大量的、显式的自动反应，试图把其中一些想法快速略过。这些自动反应往往来自原生家庭或社会环境的长期影响。这些影响会让我们戴上虚假的面具，忘记自己真实的样子。如果面具戴的时间太长，它会和脸部紧紧地粘在一起，在摘除时，我们就会感到非常痛苦。

一个人要想改变命运，就要驾驭自己的本能、保持自律。人的成长就是一个持续雕琢、提升自我的过程。

2. 原生家庭的影响

如果说人性是出生自带的内在参数，原生家庭则提供了另外一组认知参数。孩子在成长过程中，会不加批判地吸收父母传递的所有观念，观察并模仿父母的各种行为，并且认为这就是真实的社会。如果父母因为各种原因无法向他传递与真实社会相符的理念，那么孩子就会带着这种扭曲的观念进入社会。孩子成年后，发现自己的认知和真实社会并不一致，他就会非常痛苦。

很多人的成长并非从零开始，而是从负数开始。一个孩子如果出生在一个灾难般的原生家庭，就像是被丢在了深坑里。这样的孩子要想发展，就先要克服原生家庭给自己带来的不良影响，从坑里爬出来，自然就会比同龄人成长得慢许多。所以，并不是同龄人要抛弃他们，而是他们的原生家庭在他们人生的起跑线上给他们挖了个坑。

原生家庭导致的理念扭曲，是更深层次的、潜移默化的影响。孩子在很长一段时间内可能对此毫无察觉，直到他们自己组建家庭，与来自另一个原生家庭的人合作后，可能才会强烈地意识到这些问题。意识到原生家庭的问题，比意识到个人的问题还要困难，因为即使受到原生家庭的错误对待，孩子也仍然希望自己拥有一个完整且美好的家庭，以免被抛弃，所以他们会尽自己所能地维护伤害自己的原生家庭。

也是出于这种原因，很多人即使在意识到问题后，也仍然会采取拒绝承认的态度，从而造成自己新组建的家庭破碎、婚姻生活失败的悲剧。这些问题本来完全可以避免，但错误的理念就会带来巨大的灾难。

3. 社会环境的影响

进入社会后，我们会受到社会整体思潮的影响，进而跟风和模仿。社会思潮的产生，既来自文化的传承，也与媒体传播的导向密切相关。现在进入了信息流时代，我们每天都会接收由算法根据我们的喜好推荐的定制信息。我们要想意识到社会环境对我们产生了哪些影响，就需要跳出社会现状，站在更高的视角来看。

如果你在其他国家生活一段时间，往往能更深刻地感知到社会环境对自己产生了什么样的影响。要想意识到社会环境影响的第二个方法就是学习一门外语，接触不同的思维方式和文化习惯。语言的边界就是世界的边界，多学习一门语言就是多打开一个认知领域的边界，也会有助于我们消除认知盲区。

要想意识到社会环境对我们的影响，第三个重要的方法就是学习和使用批判性思维。批判性思维的本质就是审视我们思考的过程，分析和观察我们脑海里想法与观点产生的过程，判断这些观点是否足够可信，能否站得住脚。通过逻辑分析和推理，对自己脑海里的想法进行批判，有助于提高我们发现自己盲区的能力，降低偏见和社会的不良舆论传播对我们的影响。

接受盲区才能减少盲区

如何判断自己是否有认知盲区？首先一定要承认它的存在，不要以自负或自大的态度忽视这个问题。有人会对此不屑一顾，认为自己持续读书、学习，不可能会有认知盲区。这就是这个世界的微妙所在，有认知盲区的人往往不会认为自己存在盲区，从而实现了认知的闭环，难以从外部攻破。

成人的世界，筛选大于培养。你想消除认知盲区，并不会有人手把手地教你。如果其他人发现你有问题，最大的可能是避而远之，默默躲开。长此以往，你的身边就会围绕着一群比你更差的人，他们看不到你的问题，会滋长你的错误理念。

在这里，我给大家提供一个非常简单的判断方法：如果你感觉自己的发展后劲不足、多年没有进步、看似一切都平稳却没有大的突破，那么你可能已经在为你的认知盲区付出代价了。每个成人在发展瓶颈期时，都是在为自己的认知盲区买单。我们生活的状态，就是我们认知能力的体现。

　　要想高效地发现自己的认知盲区，就要进行深刻的自我反思，或是分析其他人对我们的行为反馈。接下来，我会讨论几个常见的认知盲区，消除这些盲区，能为我们的成长打下基础。

　　这里提醒一点，在第一时间看到这些问题时，请不要着急拒绝否认，认为自己没有这些问题，从而自我感觉良好，不要被这种第一反应欺骗。认知盲区有自己的生命力，它依附在我们的大脑里，就像癌细胞一样增殖扩散，甚至还会有自己的伪装，给你幻觉，让你难以发现。

好学生思维是个人成长的障碍

好学生思维来自长期应试教育对人的驯化，主要表现在对考试成绩的过度追求、对老师和家长等权威的高度依赖，以及对既定学习方法的强迫式严格遵循。当一个人形成了好学生思维，就会把个人成长的问题简化成熟悉的考试问题，最终陷入困境。

成绩不好，也会有好学生思维

有的人说，自己成绩不好，不是好学生，就不会有好学生思维，这是一个错误的看法。

在应试教育体系下，"唯成绩论"变成了一些学校运行的主要规则。老师会根据成绩排名决定对学生给予何种程度的关心与关注；学生之间会因成绩不同而产生优越感、鄙视链；家长希望孩子在学校听话，考出好成绩，会经常拿"别人家的孩子"作为榜样，甚至会对孩子说"你只要成绩好，其他什么都不用管"。

在这样的氛围中，学生没有被当成一个独立的个体来对待，共性被过度强调，个性被忽略无视，听话、出成绩的行为会被鼓励，独立思考、认真提问会在不屑中被打压。在这种环境中成长的孩子很少会关注自己的人生要怎么度过、未来有什么志向，即使有人问到，也会用"先考上再说"之类的话搪塞过去。这类人在成年后，在生活中遇到困难，也不想解决，而是想通过拖延予以逃避。

即使成绩不好的学生，在这样的环境中耳濡目染，有时也会明白一个道理：我现在被忽视，只是因为我的成绩不好，只要我的成绩再好点，就不会被这样对待。这个信念的种子一旦种下，就会在他们后续的成年生活中，持续生根发芽。久而久之，他们就会被驯化出以下行为：用好学生思维来自我催眠，自己成绩不好，便感觉低人一等，一旦成绩变好了，就不会正眼看人，表现得十分傲慢。

擅长爬梯子，也要会选梯子

拥有好学生思维的人，往往很听话、很努力、很上进，但不知道自己想要的是什么。他们很在意外界对他们的认可，为此不惜忽略对自我的探索。随便给拥有好学生思维的人一个梯子，他们都能爬出很好的成绩。但是如果你把原来的梯子拿走，让他们挑一个梯子爬，他们就不知道自己要爬哪个了。

偏偏社会上有很多梯子都可以爬，甚至还可以自己造新的梯子。于是，拥有好学生思维的人感到恐慌，不知所措，就去寻找和学校最像的梯子：参加考试。考好大学，考好硕士，考好博士，考好证书，考好编制……当他们在生活中遇到了瓶颈，就会把考试当成解决困境的主要方法。

社会和学校的逻辑不同就在于，在学校，只要你努力爬梯子，就能获得奖励。而在社会上，要想发展得好，一是要会选择梯子，二是要会努力爬梯子。所以有人说"选择大于努力"，因为如果你的梯子选得很好，那么你付出一份努力就可以换来 10 倍甚至更多的回报。

好学生思维的本质是偷懒

好学生思维是一些教育理念植入我们潜意识中的思维定式，它让我们更听话、更乖巧、更容易控制。在这样的思维下，我们往往会忽略对自我的接纳与探索，只是一门心思想要刷到一个排行榜的前列。有意思的是，那些给我们制定排行榜的人，并不需要遵守自己制定出来的规则。

很多家长虽然自己在生活中受了很多苦，但是相信孩子只要会读书，一直读下去，就会越来越强大。孩子也认为，读到博士就说明自己是最有出息的人了，是家族的希望。但是，当这些孩子发现自己即使读到了博士也没有完全成长，仍然要被按在地上摩擦时，就崩溃了。

摆脱好学生思维的本质是摆脱依赖和偷懒思维，开始真正独立地思考个人成长，积极面对遇到的事情，从不同的声音中分析归纳，形成结论，发展出自己的想法与观点，然后用行动验证，不断优化迭代。

当社会进入存量发展的阶段后，我们更要思考的是，自己想要的到底是什么？自己有哪些长处与优势可以发挥？自己喜欢做的是什么？把这些问题想清楚后再把事情做好，这种好才是有意义的，才是能转化为生产力的。

对很多人来说，想清楚这些问题要比单纯做好学生更难。这意味着要进行自我的探索，要承担更多的风险与责任。自己不再和周围的大多数人一样，要面对他人"别人都这样，为什么你不可以"的质疑，要在阻力下开展行动并且取得突破，要时刻关注正在发生的事情并做出判断，要在发现错误时快速总结经验教训调整方向，要不断认识到自己的局限并持续迭代……这样的学生往往不像"好学生"，倒更像"不听话的学生"。

能够独立思考并承担自己责任的"不听话的学生"，会比"好学生"结出更丰硕的果实。一只老鹰如果长期被驯化，就会认为自己是一只鸡。

用深度思考破解好学生思维

破解好学生思维，关键在于深度思考。一方面，我们要学会对每一个进入大脑的信息进行批判性思考，不盲目接受权威观点，学会独立分析和评估信息。在看到信息与观点时，可以想一下，谁会因为这些受益。在平时的工作与学习中，可以通过参加辩论活动，或者研究经典辩论赛的论证过程，从辩题双方不同的观点深入思考和分析，从而锻炼批判性思维。另一方面，复盘也是很重要的，总结和反思手段，通过定期回头看自己所学，思考这些知识是否存在局限性，也有助于我们培养批判性思维。

　　我们永远要意识到这一点：社会之大、容错能力之强，是允许我们用自己的方式度过这一生的。我们无须用他人的标尺来测量自己，我们就是自己人生的标尺。

过钱关，克服金钱羞耻

金钱羞耻是很多人在面对金钱时会感受到的一种缺陷与不足的体验。这种体验会让人极度痛苦，认为自己不值得被人爱、被归属，从而会产生很强的不配得感。金钱羞耻来自一种很复杂的情绪：明明内心希望自己财务状况有所好转，可以变得更有钱，但同时又会刻意回避金钱的话题，用道德审判来逃避对金钱的讨论，无法正确面对自己的内心。

金钱羞耻是成长的隐形障碍

金钱羞耻会影响到自我认知，降低人的价值感。它会带来一系列的结果，产生如自我怀疑、低自尊、自卑的情绪，觉得自己不值得被爱、不值得更好的生活等。有的人会因为收入低而觉得自己没有能力，进而否定自己的价值。一旦有了这种想法，他就会不愿意主动行动和尝试突破自己。有的人会因为家庭经济困难，认为自己是家庭的负担，产生不配拥有幸福的想法。

金钱羞耻会影响我们赚钱的动力，让我们损失收入增长的机会。有的人会因为金钱羞耻，无法正视自己对金钱的欲望，不敢问薪资待遇，也不敢大胆谈薪，遇到面试压价，不会据理力争，而是期待公司的仁慈，最终影响自己的职业发展；有的人因为金钱羞耻，不敢根据工作表现争取绩效奖金或者晋升机会，认为这是贪婪的表现，从而影响自己的收入；还有的人不愿意直接面对金钱问题，不去了解相关的财务知识，因此要么错过更好的资产增值的机会，要么在关于金钱决策时犯错误，小钱精明，大钱糊涂，给自己带来损失。

金钱羞耻感还会让我们在人际关系中处于被动地位，难以维护自己的权益，盲目牺牲自己的利益。比如，有的人在和朋友合租时，不好意思提出分摊水电费的合理要求，或是在与他人合作的项目中，因为羞于谈报酬而过度付出，最终因为自己的羞耻，在心中积压负面情绪。这样既会影响我们与他人的正常交往活动，也容易导致自己陷入焦虑、抑郁等情绪，甚至让我们对生活失去兴趣，破罐子破摔。

钱是个人成长的助推剂

1. 正确认识到金钱的本质

钱是社会运行的润滑剂，是中性的，没有好坏之分。经济的发展、国民生产总值的增长代表了国家赚钱能力的提升。钱的本质是一种资源，资源就是用于实现目标的。我们在成长过程中，就是要持之以恒地积累资源，这样才可以在未来抵御更大的风险，实现自己的理想。如果你有足够的财力，那么在面对生活突发事

件、来自他人的霸凌时，你就会更有底气，不容易被束缚。如果
你有远大的志向，又有足够的启动资金，那么你就可以组建团队、
组织资源，实现自己的理念。

2. 直面自己内心对于金钱的欲望

很多人都爱钱，但是不敢直面自己对金钱的欲望。这里隐藏
了一个很诡异的思维陷阱：很多人不愿意承认自己喜欢钱，因为
这就意味着自己要努力赚钱，而赚钱是一件让人感到压力很大的
事情。当我们让自己去赚钱时，除了要面对自己没钱的事实，还
要面对自己能力不够强、没有专长、情绪消极等一系列问题。想
到要解决这些问题，就会形成巨大的心理压力，于是人们会找一
个更短视但有效的思路：把金钱与羞耻联系起来。一旦谈到钱，
就给予足够多的负面评价，"有钱的都是为富不仁"，这样会让自
己好受很多。

3. 剔除原生家庭带来的关于金钱的负面认知

如果追根究底，我们会发现很多人的金钱羞耻来自他们的原
生家庭。如果家长对金钱话题持回避或负面的态度，每当孩子提
及钱时，家长要么严厉斥责孩子，要么制造悲情，说自己赚钱不
容易，孩子就会觉得钱是不能谈的禁忌话题，从而形成对金钱的
负面认知。有的父母可能教育孩子不要过分关注金钱，强调感情
和人际关系的重要性，也可能在无意间让孩子对金钱产生羞耻感。
孩子看到喜欢的东西想要购买，家长却总是强调要注重感情而不
是物质，久而久之孩子可能就会觉得对钱有欲望是不好的。

4. 有钱不骄傲，没钱不自卑

个人的成长，要从接受自己的财务状况开始，无论有钱还是没钱，都要坦然面对，不要害怕他人评价自己的赚钱能力，也不要害怕与人坦诚地谈钱。现在赚的钱不够多，不代表以后不会有进步。一旦走上了成长的道路，解除了思维的限制，我们就打开了自己的财运之道。

在能赚钱的时候，一定要全力以赴

谈钱并不俗气，合理合法地赚钱，非但不是一件羞耻的事情，反而是对社会有贡献的工作。如果你开创的事业为社会创造了就业机会，本质上是增加了社会的福祉，让更多人因为你的事业而赚到钱。这是一件双赢的事情。

市场瞬息万变，尤其是如果你所处的行业正好在风口，那么你一定要清醒地看到时代机遇。晴天修屋顶，行情好的时候多赚钱，才能熬过行情差的低谷，才能持续穿越周期，逆势增长。在能赚钱的时候，一定要全力以赴，否则等到时代红利过去，留下的就是懊悔的感慨。从社会的竞争和发展趋势来说，钱总是越来越难赚，竞争总是越来越激烈，门槛总是越来越高，行业总是越来越内卷。

赚更多钱的底层逻辑是产生更高的价值，拥有更强的能力，做更系统的工作，进行更周全的思考。一个人只有通过了金钱羞耻这一关的考验，才能看到这些更大格局中的重要问题。一个人如果没有更系统扎实的工作，是无力承接更多财富的。我们可以进一步思考，如果社会上的大部分人都以谈钱为耻，不投入精力思考如何提升赚钱能力，而专注于对他人进行道德评价，从而获得优越感，那么真正赚钱的赛道就没有那么多竞争对手，财富就会流向少数人手中。

金钱羞耻其实是一种道德绑架手段。当你有金钱羞耻时，别人就可以多占你的便宜，让你不好计较；当你敢于主动谈钱时，别人才会尊重你的想法，凡事提前考虑到你。不要做无能的谦让，多做一些据理力争，成长将让我们更有价值，我们完全配得上我们应有的财富。

投资自己，稳赚不赔

如果你打破了金钱羞耻，就会发现把钱投资在自己的成长上是一件稳赚不赔的事情，而且往往是收益百倍。

我与金钱的故事

我的金钱理念成熟得比较晚。

我上小学的时候，一个学期的学杂费在 100 元左右。每次开学报名，家里会给我一张百元大钞，我把它小心翼翼地揣在兜里，带到学校交给老师。老师收完了钱，一边在讲台上将钱捆成一摞，一边说："虽然你们现在一个学期要交一百多块，但以后你们参加工作了，一个月工资几百块，一学期的学费一下就赚回来了。"那时我就觉得，虽然学费比得上我一年的压岁钱，但考虑到工作后能赚到的工资，读书还是很划算的。

我在县城读书，家里离学校不远，走路 10 分钟就可以到。上小学时，我身上不带钱，一是平时不买零食，二是衣服口袋浅，怕丢。到了中学，我身上带少量钱，平时基本不花。很长一段时间里，我在花钱时会有一种压力和负罪感，就想省下来。上午课间操时，很多人用零花钱去小卖部买零食，我却纠结半天，要不要去买个面包；明明有点饿想吃，又感觉快到中午放学，可以回家吃饭了。我初中时第一次去上海，看到出门坐公交要花钱，上地铁要花钱，打车要花钱，一张百元大钞一旦破开，很快就会花完，就觉得在大城市生活成本很高，必须努力赚钱才行。

我不爱随身带钱的习惯，差点让我吃了个大亏。刚上大学时，我需要在向塘站换乘火车。当时铁路电气化改造，火车晚点，在距离车站十几公里的地方停了很久。为了赶上下一班火车，当时和我第一程同行的一位大姐建议我和她一起提前下车。大姐在铁路系统工作，是我亲戚的一位同事。她在了解了列车晚点的情况后，让她弟弟开车来接我们，把我送到车站，同时她也到家了。当时我身上只带了100元，大姐见此情况，主动给了我一些钱。到了向塘站我才发现，第二班列车也没有来，一直晚点，时间未定。中间我又改签了车票，还多购买了一张备用车票。我在向塘站的站台上整整熬了一夜，第二天早上才赶上火车，并且补了一张卧铺车票。那时没有移动支付，自动柜员机很少，也没有手机地图，唯一能持久续航的就是诺基亚的功能机。如果不是大姐的及时相助，我的上学之旅就会变成流浪之旅。

经过这一遭，我开始在身上多放一些钱。但是我在花钱时还是会有一种莫名的压力，觉得自己在花家里的钱，于是总想着把钱省下来，不要花太多。大学期间，我会用一个小本子记下每天的开支情况，我记得最少的一个月花了不到 200 元，我甚至为自己的省钱能力感到自豪。

大学一年的学费是 4000 多元。我在第一学年结束时拿到了国家奖学金，一共 8000 元。那是我从小到大获得过的最大一笔钱。钱到账的时候，感觉沉甸甸的。在大数字的刺激下，我开始对钱有了更具体的概念。考上了研究生后，我就没有再交过学费，因为清华大学的助管、助教、助研"三助"制度可以全额减免学费，加上学校和导师每个月发放的几百元补助，我已经不用再向家里要钱。等我开始实习后，一天 200 元的收入已经能够让我的生活比较宽裕，于是我感觉日子开始变得好起来了。

现在看，我的金钱羞耻其实来自省钱强迫。虽然我的父母从未要求我省钱，但这个行为的产生背后有两个原因：一是省钱能带给我优越感，并且能取悦我的父母，还能让我得到夸奖。比如初中升高中，我给家里省了近万元的择校费，我能感觉到父母的开心。二是我感觉家里的经济条件并不是很富裕，于是想主动为家里做点什么。但是这里我走入了一个误区：在自己长身体的时候，我应该更加关注营养健康，而不是优先省钱。同时在大学这个锻炼社会化能力的关键时间，在社交上与学习上有必要花的钱，不应该省。虽然自己不能赚钱，但合理使用家里提供的金钱资助，完全没必要有那么大的情感压力。

工作后，我这样投资自己

参加工作后，我的收入大幅增长，我开始付费参加一些课程学习。那时，我看到很有价值的文章，就会想办法认识作者。我当时的想法是，如果从一个人的作品中收获很大，而且想认识对方，向对方学习，那么无论买课还是付费加社群，都是很高效、省事的事情。

虽然那时还没有出现知识付费的概念，付费社群也比较少见，而且更多的人喜欢以免费获取的方式索要价值。在这种情况下，如果我采用付费策略，就能给对方留下更深刻的印象，也会得到更多的帮助。牛人的圈子里会有更多的牛人，当你为对方创造价值时，对方的一句启发或一次转介绍，都会让你有成倍的收益。我开始写作后，认识的朋友很多都来自我付费加入的各种社群。

等到我开始做公众号和付费社群的时候，我对投资自己这件事情的认识就更深刻了。很多人因为读过我的文章，看到我正在做的事情，愿意付费购买我的产品，加入我的社群，而且不止一两年，而是很多年。我的社群运行了 10 年，就有付费 10 年的小伙伴。当我开始为他人交付价值时，我就深刻地理解了投资自己的底层原理：投资自己的最好方式，是向他人付费。

在当今社会，最值钱的知识并不是花钱买到的静态文本，而是穿透这些文本，与背后创作这些内容的大脑产生的深度链接。链接一旦建立，就有了人和人的交流，形成了超越文本信息的交换。从本质上讲，这种链接是相互的影响力。一方面，你接收对方的影响，能更好地解决自己的问题，获得更大的突破；另一方面，对方也会被你影响，吸收你的理念，了解你的案例，甚至为你传播故事、介绍资源，帮你打开新的局面。

当你投资自己时，你投资的是自己在某个圈子中的口碑和品牌，你的回报则是你在对方心中的印象。这种投资是长期积累复利的，一旦你和另一个人从陌生到认识，你们产生的链接就难以撤销。只要你们形成了互利的关系，保持联络，就很难再回到完全不认识的状态。通过这种方法，你可以不断地提升优化你的社交网络，开拓自己的思维和视野，积累更多的资源与机会。长期持续下去，你的成长就会不断地达到新境界。

投资自己的回报至少是 10 倍增长，甚至百倍增长。小学一个学期的学杂费是 100 多元，这笔钱在工作后可能只是时薪，这笔投资就是上万倍的回报。大学一学期的学费是几千元，一笔奖学金就能回本，我在大学期间拿过 10 笔奖学金，这笔投资也是稳赚，再加上工作后的收入，投资回报率就更高了。

你参加工作后如果继续积极学习，吸收行业新理念，结识新朋友，这些信息和认知一旦转化成行动，落地到你自己的项目上创造的收益，都会在 10 倍甚至百倍以上。很多时候，你加入一个圈子获得的新客户、产生的新合作，都早已收回了你投资的成本。投资自己相当于用最小的成本、以最快的速度，在对方心中打下一个烙印。

过去 10 年，很多人因为我在社群①里分享的商业机会、前沿认知、学术动向，积极采取行动，抓住时间窗口，实现了升职加薪，收获了 10 倍甚至百倍的投资回报。曾经有一位其他领域的朋友，看到我做社群的模式，付费加入学习后，马上借鉴，用到自己的领域，同样做了社群，很快创造了上百万的增量收益。

投资自己的两大注意事项

投资自己在个人成长上是一件稳赚不赔的事情，但是要做到这一点，必须注意以下两个方面：提前付出，主动行动；充分参与，承担风险。

1. 提前付出，主动行动

从人生发展的角度，投资的"资"不仅代表资金，还包括我们所有的资源，如时间、认知、精力等。投资的本质是，你在某个时间投入资源，在未来某个时间收获回报。有一个简单的规律：如果你想收获高回报，那么你投入与收获两个动作的时间间隔就不能太短。

如果我们上午投资，下午就想要回报，那么我们就是钟点工，做日结，干完活马上拿钱走人。

如果我们月初投资，月末拿回报，那么我们就是领月薪的白

---

① 如果你想了解我已经运行了十年的个人成长社群"S 成长会"，可以在公众号"持续力"（微信号：scalerstalk）回复关键字"VIP"查看介绍。

领，在公司为老板打一份工，每月等着领钱。

如果我们年初投资，年底拿回报，那么我们就是拿年薪的企业高管，收入会与努力程度成正比。

如果我们第一年投资，经过三五年甚至十年获得回报，那么我们就是在做十年树木、百年树人的工作，是真正的长期投资，已经属于耐心资本的范畴。

换一个角度，如果我们在当下要获得更大的回报，那么我们投资的时间就要更早。如果我们想在 10 年后过上更好的生活，那么现在就应该提前付出、主动行动。在成长过程中，很多重大的突破都是一笔跨越超长周期的投资。如果我们希望获得更多的财富、更强的能力、更深刻的认知，就要用漫长的时间积累。

假如我们没有这种远见和定力，内心充满焦虑，行动不够稳定，那么我们可能在十年后就无法获得想要的收益。甚至可以这样倒推：我们在迷茫的当下所遭遇的各种困苦，也许就因为十年前种下的种子没有长大结果。

很多人向往财务自由，要想达成这个目标，我们在很多年前就要提前付出，这样才能在未来持续创造收入，让我们不再需要去做日结或月结的工作。这个道理很简单，但实践起来很难。人都是被形势推着走的，你不会被三个月后的一项目标激励，但是你会被三天后到期的一件工作调动。而持续在短期目标的驱动下行动，看上去每一步都很充实，但拉长时间轴来看，我们并不能享受行动产生的复利。

这里就能看出原生家庭的作用。好的原生家庭会以"代"为单位，提前规划付出与投入。这种前瞻性是需要通过从小培养和持续训练才能得到的。假如我们的上一代能意识到这个问题，早已有个人成长的投入，他们这笔投资就能跨越更长的周期，等到我们成年时，就能充分享受长时间的复利，摘取他们胜利的果实，成为我们事业发展的基础。如果我们的原生家庭没有这个条件与意识，无法给予我们必要的帮助，那么我们就只能等到自己成年并认知觉醒后，才着手这样一个漫长的过程。从这个意义上讲，我们对成长的投入越早启动，价值就会越大，因为我们要面对漫长的时间考验。

一旦时间拉长，我们就必然会面临许多未知的风险，也就意味着我们还需要躬身入局，尽全力保障成功。

2. 充分参与，承担风险

在很多人的认知里，投资是一件轻松的工作：把手里的钱给出去，自己不费心，到时间坐等回报就行。但是真实的投资并不是这样的，很多创投机构在确认投资一家企业后，还要帮忙导入更多的资源，提供人才支持，目的是帮助被投资企业获得更好的发展。这样，一方面可以让被投资企业更容易成功壮大，也会让投资回报率更高；另一方面也能起到监督的作用，防止被投资企业挥霍挪用投资人的资金。

在一般的商业合作中，甲方是出钱的需求方，乙方是干活的
服务提供方。你会看到一群乙方围着甲方忙忙碌碌，就是为了赚
到甲方手里的预算，而甲方因为有人服务，往往也会颐指气使，
在人和人之间划分出三六九等，从而产生优越感。很多人在求职
时都想找稳定的工作，这里暗含的意思就是想做甲方。

在个人成长中，没有人可以真正做甲方。即使我们花钱去购
买课程、参加社群、咨询经验，也千万不要有甲方心态。最有效
的方式是：甲方身份，乙方姿态。这一点很多人往往难以接受，
在他们看来，既然自己出了钱，就要么直接拿到结果，要么获得
情绪价值。但是他们唯独没有思考，自己投资后，怎样才能获得
更好的成长？

造成甲方心态的本质原因还是没有把钱当成一种资源，因此
每花出一笔钱就认为是损失，从而感到痛苦，希望赶快弥补回来。
很多人去吃自助餐，总有一种要把花的钱吃回来的动机。但是吃
饭最根本的目的明明是吃饱和吃好，而不是把钱吃回来。投资自
己也是同理，我们要思考这个钱投出去后，还要怎样做才能让自
己的成长有更大的效果。答案很简单：出钱又出力，才能起到最
好的效果。

假如我们只想着出钱，不打算出力，就要做好不能拿到最好
结果的准备。合理管控自己的预期，也是个人成长的基本能力。
这条认知的价值就在于：要理性评估投入产出，如果我们投入过
少，就不应该预期过高的收益，人不能既要又要。

　　有时候我会付费参加一些社群，但是时间有限，没能完成全部作业，也无法精读所有的材料，这时我心里会有一个预期：我知道投入的时间越多，收获越大，但受限于时间，我只能抓取最主要的思路，挑选关键信息。因为我知道我的目标是什么，所以，我不会觉得这笔投资"亏了"。

　　但是我发现，很多人做的事情是完全相反的。他们总觉得自己应该以陌生人的身份拿到最大的回报与福利，但是从来不会思考对方为此要付出什么。他们往往持"因为我对你感兴趣，这是我对你的奖赏，你要回馈"这种以自我为中心的心态。这种心态需要尽快调整，否则会影响个人的发展。调整的方法就是，求助时不妨带些报酬，比如，在微信上发完求助消息，马上发一个红包，对他人的热心帮助要第一时间表达感谢。

正确看待"割韭菜"行为

　　如果你决定投资一笔钱用于学习，事前就要做好充分的调研。尤其是查找关于你所要学习的老师的相关作品、理念，充分评估是否适合你，这是一个非常关键的步骤。如果一个人在网上长期发声，那么你可以考察他多年的内容输出，包括图书、文章、视频等，以判断是否符合你的需求。

　　一旦你选择了一个你认为靠谱的老师，接下来要做的事情就是不要轻易否定你的判断，除非你有极其明确的理由改变。一旦我们进入成长的攻坚期，就一定会遇到一些困难和波折，面对这些情况，我们的非理性会做出一些伤害自我、无法挽回的事情，让我们跳下个人成长的高速列车，从而自我摧毁。如果你想真正自我改变，那么你至少应该跟着老师走完一个周期，达成最初的目标，而不是在遇到困难时，因为自尊受到伤害而立即放弃。

这就是投资自我所需要冒的风险，你可能因为自己的原因，在错误的时间退出，最终无法让收获最大化。

现在知识付费比较普遍，投资自己也被用于各种成交话术。有一些商家会采用一些夸大宣传的手段来抬高用户预期，却又无法根据承诺交付，这就是"割韭菜"行为。一个持续投资自己的人难免会遇到这种事情。

但是我的观点是，不要轻易说别人在"割韭菜"，而是要看到对方商业行为背后的逻辑，并且以此为案例，提升与完善自己的认知体系。当我们说一个人"割韭菜"时，一般有以下 3 个底层动机。一是对方赚了很多钱，我们很嫉妒，但是直接表达嫉妒会显得自己器量小，于是我们会诉诸"割韭菜"的道德判断，以此维持自我的优越感。二是对方认知段位远高于我们，可能我们没有理解对方全面的意图，但是我们感到自尊受挫，气急败坏想攻击对方。三是对方真的故意要侵犯用户权益，想短期赚一笔就走，这种行为对市场与行业是极具破坏力的，是真正需要被打击的"割韭菜"行为。

现在"割韭菜"一词存在普遍的滥用现象。一个人投资自己去向老师学习，但是老师的认知比学生领先几个段位，学生一时理解困难，又不能真实面对自己的客观情况，就会反过来攻击老师"割韭菜"。由于短视，我们会向真正对我们好的人操戈相见，这是人性的悲剧。

应对"割韭菜"风险最好的解决方法是，提升自己的判断力，在决策前审慎观察，同时预留一定资金，专门用于试错。这样即使遇到判断错误的情况，也是在合理范围之内，不至于造成过大的损失。我们始终要记住，投资自己是为了成为更好的自己，而不是为了证明自己或者其他人是什么。

战胜自卑，收获健康的优越感

从行为发现和认识自卑

当我们发现自己身上存在缺陷，或者在某些方面不如别人时，就会产生自卑感。自卑感是一种负面情感，没有人会喜欢，但是每个人都会遇到一些感到自卑的场景。个体心理学创始人阿尔弗雷德·阿德勒（Alfred Adler）也认为，每个人都有不同程度的自卑感，因为我们都想让自己变得更优秀。

当被问到是否自卑时，当事人往往会否认，甚至会强调自己比别人好。判断自卑，不要看对方说了什么话，而是要看对方做了什么事情。与自卑感相对应的是优越感，有多少自卑感，就会有多少优越感来弥补，就像坐跷跷板，自卑感的这头压下去多少，优越感那头就能跷起来多少。通过看一个人如何展现自身的优越感，我们可以很快判断他会如何对待自己的自卑感。

健康的优越感来自克服了自卑，完成了自我超越，取得了重要的成绩，从而获得了尊重、成就感和自我确认。说话口吃的孩子在表达上输于同龄人，就会感到自卑，但是如果通过练习恢复到正常表达水平，甚至超越同龄人，这种自卑就会被克服，从而用优越感来弥补。

健康的优越感，要付出努力才能拥有。我们必须真正面对并解决问题，才能获得优越感。从学会一项技能到解决一个难题，再到职场上的升职加薪……这些个人成长的结果，都能给我们提供充足的优越感。

正是因为这种方式比较困难，很多人就会选择更加便捷、容易的方式获得优越感。那就是通过催眠自己或自我陶醉，找到某个角度，让自己直接凌驾于他人之上，凭空产生优越感。

无论自卑感还是优越感，当事人在口头上往往都不会承认。如果我们看不到自己的自卑感，可以先看看自己的优越感来自哪里，优越感的背后往往藏着深刻的自卑感。

不健康优越感的表现

不健康的优越感就像垃圾食品，虽然对健康无益，但是人总是抵挡不住美味的诱惑。这种不用付出太多代价就能感觉良好的体验让人深陷其中，成为难以逾越的个人成长的陷阱。人们往往会用以下方式获取不健康的优越感。

1. 持续与他人进行比较

这种比较型优越感的底层逻辑是"我比别人强"。这种人无时无刻不在和别人进行比较，以维持自我的优越感。他们更依赖外部的参照标准来定义自我价值，会在言行中表现出对他人的轻视或攀比心。如果比得过，他们马上就能获得优越感；如果比不过，他们会寻找一些理由，甚至强词夺理，以此保持优越感，忽略自己比别人差的事实，以减少对自尊的伤害。

有的人会比较生活条件，如收入、房子、车子，强调物质上的优越感。他们会说："你这房子面积也就那样吧，我家比这个大多了。""你这车还行吧，不过我那辆是最新款，刚买的。"

有的人会特别在意同事的职级、薪酬和工作成绩，并进行拉踩："他升职了，我也可以很快升职，毕竟我的业绩比他好。""他就是运气好而已，要不是我没抓住那个机会，我肯定比他做得更好。"

有的家长会通过比较孩子的成绩获得自我满足。比如："你家孩子考得不错，但我们家孩子全校第一呢。"

有的人会经常在外貌或体型方面与他人进行比较，通过外在优势提升自信心。比如："你最近胖了不少吧？我可一直保持在标准体重。""我觉得自己比很多同龄人看上去年轻多了。"

有的人会在社交媒体上展示自己的生活品质，以此暗示自己比其他人生活得更好。比如，在别人发布分享生活的朋友圈下评论："你应该去 ×× 体验一下，那里好多了。"

假如一个人在各个方面都比不过别人，但是仍然想获得优越感，那么道德评价就是很常见的方式。道德评价的本质就是以"我更有道德感"或"我更关心社会正义"为出发点来评判别人，从而收获优越感。

"有这些钱搞航天科技，为什么不捐给贫困山区？""有钱人都是为富不仁。""长这么好看一定是整出来的。""他有这个成就肯定是靠关系。""高考分数高有什么用，以后还不是要给初中生打工？""凭什么你的生活那么顺畅，我来给你一些挫折。"这些评论在网络上很常见，发布这些评价的人本质上就是优越感的"吸血鬼"。哪怕你给他们一块石头，他们也能从中吸出优越感。

2. 过度关注自我，极度自恋

这种自恋型优越感的核心是"我是宇宙中心"。这类人相信自己比他人更优秀、更独特，总认为自己是对的，其他人都应该围着自己转。他们会夸大自己的能力和成就，同时贬低他人的付出与贡献。同时，他们需要不断通过他人的认可和赞美维持自己的自我价值，对他人的批评非常敏感，而且常常反应过度。

因此，他们会选择比自己更弱的人交往，因为这样就能从弱者的仰视中持续获得优越感。这类人无法与他人正常合作，也不会向上社交，因为他们会把平等的合作关系当成一种冒犯，把向他人请教当成耻辱。这类人的人际关系往往很差，如果你不对他表现出谄媚的态度，那么他就会对你产生莫名的反感。

在社交活动中，他们会不断提起自己的成就，期待别人来捧哏夸奖。如果没有人关注，他们就会反复提及，将话题引回到自己身上。比如，他们会说"我当年高考全市第一，别人根本比不了"，然后暗中观察其他人的反应，并且已经准备好了被他人夸奖后的台词："哪里哪里，一般水平而已。"

如果有人得到了奖励或拿到了成绩，他们会表示不屑，通过贬低他人强调自己的优势："这个奖不算什么，我以前拿过更厉害的奖。""你们年轻人，现在读书考出来的成绩不算什么，我们当年读书可是真的吃苦。"

当有人指出他们的不足或者提出建设性意见时，他们的自恋和优越感就会受到威胁和破坏，从而反应过度，甚至暴怒："你懂什么？如果你有我这样的本事，你就不会这么说。"

他们会觉得自己理应享有特权，应该得到特别的安排或待遇，即使这是明显不合理的："我这么厉害，情况又特殊，能不能给我特殊优待？"

在合作中，他们往往会忽略其他人的意见，固执己见："我的方案才是最好的，你们就按我的来。"并认为其他人的建议都是多余的。这样做不仅不尊重他人，还会影响团队合作的氛围。

3. 躲避话题，疯狂找补

这种补偿型优越感的主要表现方式是以"虽然我这方面不好，

但是我另一方面很好"的想法来看待问题。这类人无法直面真正存在的问题，总会试图通过另一个角度表现出高人一等的态度，从而获得优越感。与这样的人交往，你会感觉无法与他们认真讨论一个问题，他们总会躲闪或找补。这种优越感并不能真正解决自卑问题，反而可能导致个体忽视自身真正的需求和成长方向。

有的人会因为自己学历不高而不自信，但会强调自己收入高："我虽然没有读那么好的大学，但我现在的收入比那些名校毕业生高多了。"

自卑感带来的对优越感的不健康追求，会让我们失去共情能力，在人际关系中，我们会将对方当作献祭自己优越感的牺牲品，这会影响我们的长远发展。

面对真实的自己

在很长一段时间里，我并不认为自己有自卑感。相反，我认为自己是一个厚积薄发、有后劲的人。无论小学还是中学，每一段求学经历，我都是按照"后发优势"的模式发展的：刚开始成绩一般，越到后期，进步越大。这种模式反复呈现，甚至让我产生优越感。我因此认为，自己与众不同。

我刚进入清华大学学习时，报名了学校组织的研究生骨干培训班，里面汇集了各个系的同学，在开学前，学校会组织大家提前到校上课。与这些同学相识，使我形成了对清华人的第一印象：

有非常强大的能力、光鲜亮丽的履历，但是一点也不书生气。他们不仅做事有章法，也很会玩，与他们相处，我感觉自己笨手笨脚的，不会的太多了。之后，在实验室、各类课程和社团里认识的同学，也印证了这个印象，都是藏龙卧虎，大家的各项能力水平都非常高。

因此，我内心产生了一种很强烈的不配得感。现在看，这就是我面对自己的不足，产生了自卑感。人一旦有了自卑感，马上就会产生寻找优越感的行为。

我给自己找的第一个优越感是发现自己的英语能力比大部分同学要好。当时在培训班里，老师每天都要组织征稿，并且印制成通讯发送，于是我投稿了一篇英文的文章，发表在通讯上，获得了大家的赞叹。之后，我在研究生英语入学水平考试中，成绩名列前茅，获得了英语课程免修的机会。再后来，我又代表清华大学参加北京市研究生英语演讲比赛，并获了奖。当我发现大部分同学的英语水平没我好，读英语论文没我快的时候，我感觉自己的自卑心得到了一些疗愈。

我给自己找的第二个优越感是我参加了很多研究生社团，活动经验很丰富。我在校内做了很多工作，如在研究生会担任副部长并组织国际会议、给百年校庆做英文讲解员、给校报校刊做编辑；我也参与了很多次寒暑假的社会实践，深入企业和基层参与实习。这些工作虽然占据了我科研之外的大量时间，让我异常忙碌，但也给了我很多锻炼的机会。我因此认识了很多不同系的同学，拓宽了我的视野，对我后续的人生产生了重要影响。我内心隐隐知道，很多人都没有这样做，因此这也变成了我的优越感的来源。

现在用"自卑感—优越感"的逻辑来梳理，我当时的行为模式其实很清晰。但在那个时候，我完全没有意识到背后的底层逻辑。直到有一天，我的导师看到了我的简历，狠狠地批评了我一顿。他告诉我，上面列出了各种社团活动，但在专业领域的篇幅远远不够，"你要发现自己的优势"。

现在看来，我进入清华大学学习后，面对优秀的同学，在自己的专业上产生了不自信的态度。清华大学在学术氛围上配置的资源是顶级的。曾经我在研读一篇知名国际学者的论文时，正好"姚班"的一场内部学术讲座请到了这位作者，我下楼走几步，就能和这位作者直接交流。这一刻，我有一种刚刚变成粉丝就能马上见到偶像的感觉。在这种顶级资源的环境中，我对自己的智力、能力和实力都产生了怀疑，由此形成的自卑感便让我想在其他领域找补优越感。

其实正确的做法是，在遇到困难时，不要害怕，面对真正的自己，解决最关键的问题，一点一点提升自己的实力，就能从量变到质变，最终实现个人的成长与突破，收获健康的优越感。经过反思，我发现自己的确有这样的行为，于是就在专业上投入了更多的时间，努力提升自己的看家本领，最终做出了自己的成果，也给自己后续的职业发展打下了基础。

后来我发现，有很多人在面对困难时都会有类似的逃避心态。当要做 A 事情时，他们会避开 A 事情，疯狂地做 B、C、D、E、F 等事情，看上去也很忙，但其实是在自我麻痹。

不敢面对困难，不给自己确立大目标，这就是一种自卑的表现。当一个人不愿意相信自己能做好一件事情时，就会减少对它的投入，定力与心智资源也会变得薄弱，最终事情也没有做好。

人人都有自卑感，但人与人的差距就体现在用什么样的优越感来弥补自卑感这件事情上。我们不仅要增加对自己的了解，意识到自己在如何获得优越感，也要能清醒地看到，别人在用什么样的方式获得优越感，这样我们才能在人际交往中进退自如。

调整原生家庭给你的"出厂设置"

每个人的成长都深受其原生家庭的影响。作为人生的起点，原生家庭塑造了我们的性格、价值观和思维方式。这些"出厂设置"在潜移默化中形成了大脑的"自动程序"，影响着我们的行为与决策。若想在成长过程中实现质的飞跃，关键在于敏锐觉察并积极调整这些影响，修补性格缺陷，消除认知盲区。

去掉父母滤镜，认清成长真相

当我们年幼时，家庭是我们的全部。我们从父母对待自己的方式中学会如何看待自我和世界。进入社会后，我们需要完成从家庭成员到社会成员的转变。如果我们的家庭理念与社会价值观一致，那么社会化就会更顺畅。

孩子对父母的依赖往往超过父母对孩子的关爱，因为在走出家庭前，父母是孩子唯一的依靠。如果父母传递的是扭曲的观念，孩子又缺乏辨别力，那么他就会因此影响自我认知和世界观。

很多人在社会化过程中遇到阻碍，常常源于在家庭中形成的理念与社会需要的认知不符，甚至相悖。这背后的原因可能是父母的视野局限，无法帮助孩子建立正确的认知，或者父母出于自私，将错误的观念传递给孩子。这些都让孩子在成年后要付出巨大的代价去调整和修复。我们在个人成长中感受到的困难，往往就来自这方面的情感盲区。

谈到原生家庭时，很多人会提到："我家条件不好，父母啥也不懂，因此我不知道很多事情，也是情有可原的。"这么说的人忽略了一点，父母即使经济条件有限，也可以为孩子指引一个明确的方向，让孩子"知道自己不知道"，是父母不可推卸的养育责任。

父母对孩子的培养，就像指路的路标。路标不需要亲自登上珠穆朗玛峰，但是可以指明山峰的方向。方向并不需要非常准确，孩子若有意愿，朝着那个方向出发，边走边问，最终也能到达，但父母唯独不能说"这世界没有珠穆朗玛峰"或者"咱家就是珠穆朗玛峰"。

更多的情况是，父母出于以自我为中心的考虑，并不希望孩子在思考自己家庭上花过多的心思，让孩子"不知道自己不知道"。很多孩子会沉浸在这样一种自我感动中：我的父母是天下最好的，他们虽然条件不好，但已经为了我尽力做了他们所能做的一切，我只有深深地感恩，没有什么可以对他们提的要求。

每当我看到有人这么讳莫如深地评价自己父母时，我就知道，他的父母对自己要比对孩子好得多，以至于孩子无法客观地谈论父母的付出。神化父母，让孩子一生处于对父母的滤镜中，就是很多原生家庭正在做的事情。当我们谈论一件事情时，如果言语中只剩下道德绑架，而不是理性分析，就说明这段关系存在很多深刻和扭曲的问题，甚至直接影响到下一代的认知。家境条件不是成长的最大阻力，父母职责缺位而不自知才是。

每一个人都会受到原生家庭的影响。如果你希望自己的成就超越父母，那么你必然能洞察到原生家庭中可以改进的问题。讨论原生家庭，核心目标在于要认清成长的真相，消除认知盲区。只有这样，我们才能在成长过程中遇到困难、后劲不足的时候，知道要从哪个方向努力才能解决问题。不管你觉得自己的原生家庭有多好或者有多差，你都可以把滤镜摘下来，从成长的角度重新审视一番。

从父母身上认识自己，发现自己的盲区

在从小到大的成长过程中，每个关键人生节点的突破，如升学、就业，几乎都要靠我自己解决。我的父母属于那种想帮但是也帮不上的家长，所以他们对我的规训少，支持多。

在很多人眼中，我就是那个"别人家的孩子"：保送上了清华大学，毕业自己解决北京户口，努力赚钱搞定房子、车子，在北京定居，还把父母接到北京居住，给他们全款买了房。

"你这已经很好了！"多年来，我从不同方向收获了大量正反馈。我妈总说我今天能这样已经可以了，超出了她的预期。我曾经隐隐觉得这些反馈中有不对劲的地方，但是察觉的火苗还没点燃，就被"正能量"给浇灭了。

我以前就是那种有很强父母滤镜的孩子，从不认为自己的原生家庭有什么问题，也没有受到太多来自家庭的负面影响，没感觉自己有什么要治愈的。我在看一些探讨原生家庭的文章时，完全无感，甚至认为作者是在甩锅。现在看，那时的我还是过于天真了。当一个人不知道自己不知道时，就是处在认知盲区里。

原生家庭的问题，往往要跳出原生家庭才能更好地看清楚。跳出原生家庭的方式之一，就是自己组建新的家庭。在这个新的家庭里，你会借由你的另一半，看到另一种原生家庭的生态。两种生态一对比，马上就能看到自己原生家庭的真实面貌。当我和我的妻子组建家以后，我曾经隐隐认为有问题的地方才开始浮现。

在沟通方式与方法上，我竟然与我的母亲一模一样。刚与我的妻子在一起时，她注意到我有一个问题：在沟通中，我经常会把想法、感受、请求混在一起，并且面对他人中肯的建议与批评，我的第一反应是找理由解释，甚至要反向指责回去，制衡对方，为了做到这一点，甚至不惜说谎。我的共情能力、倾听能力和同理心都不是很好，这给我的新家庭带来了很大的困扰。

起初我不接受这个评价，毕竟之前在原生家庭里，我是获得夸赞最多的孩子，我不相信自己那么差。但是当我带着这方面的意识和我的母亲沟通时，我从她的身上看到了我的影子，那一瞬间，我浑身一个激灵，就像被闪电劈中了。

如果我指出我的母亲存在的一个问题，往往我的话还没说完，她马上就要指出我的一个问题。她的意思就是，虽然她有做得不对的地方，但是我也有不对之处，我们一比一，扯平了。接下来，她还会用"子不嫌母丑""我是你妈""你要宽宏大量""你不能翻旧账"的话术，架起孝道场域，拉开绑架攻式，让我不要深究。这时一种爆炸般的绝望就会涌上我的心头，我就理解了为什么有人会在家庭沟通中想要摔东西。

这件事情令我最后怕的是，我这么多年竟然没有发现自己有这个缺陷，这会让我在过去的时间里付出了多少潜在的代价啊？有多少人看到我这种沟通的特性，会悄然离我远去呢？我在无意间又失去了多少机会呢？如果我更早一点意识到自己沟通方式上的不足，并加以迭代改进，我的成长就会取得更大的突破。

在人与人的沟通中，保持坦诚的态度，区分自己的感受与想法，同理对方的感受，是很重要的基本素养。在家庭合作中，第一时间发现并承认自己的问题，才能快速解决冲突，把影响降到最低。讨论问题是为了解决问题，并不代表对人的攻击和否定。如果家庭成员意识不到这一点，只是为了自己自尊与自恋而战斗，就会陷入无意义的家庭内耗。

在妻子的帮助下，我看到了自己的问题，经过刻意学习，我的沟通方式也有了明显的进步。但是对于我的原生家庭而言，要想促成改变，并不是一件容易的事情，因为这其中还有更深的羁绊和更长期的控制。

实现精神剥离，拥抱高速成长

人在成长过程中与原生家庭要经过三次剥离，第一次剥离是离开母亲的子宫，第二次是身体上的离开家庭独立生存，第三次是精神上的独立生存。只有完成三次剥离，上一代与下一代才能形成健康的协作，否则，一个正值奋斗青春的成人，就会把人生一大半时间花在无意义的控制与反控制的家庭内斗中，无法持续成长。

最开始意识到自己的父母并不是像人们普遍说的那样拥有无私的爱时，我的内心非常崩溃和难受，我有一种很强烈的被抛弃感。我与妻子讨论我母亲的行为，一开始我总是在为她的错误找理由，试图证明她不是这样的人。但是我的母亲每一次都用行动打了我的脸，清脆的耳光声三日不绝。

她对我的家庭与生活是漠不关心的。她会审视我的妻子，把她当成外人，哪怕她自己也曾因为被当成外人而暗自伤心。她会在谈话间用语言发起突然袭击，在被发现后又马上说不是故意的。比如，回老家和亲戚一起吃饭时，大家夸我的妻子，她会突然说："她生活很节俭，连剩菜都吃。"她会在我的婚礼大事上躲闪不出力，甚至捣乱。比如，在准备婚礼改口费的红包时，"万里挑一"

偏要给成"万里挑一百"，还甩锅给亲戚……

曾经有一段时间，我与她的每一次沟通都无法保持平和的情绪。后来，我在苏珊·福沃德（Susan Forward）博士的《原生家庭：如何修补自己的性格缺陷》一书中看到一句话："只要你对父母的情感很强烈（无论顺从还是抵触），你就仍然赋予了他们在情感上折磨你的权力，使得他们可以继续控制你。"

没错，自从我组建自己的家庭，我受到的情感折磨仿佛就是要抵消父母养育我的付出。我意识到我的父母并未像他们说的那样真正关心我，而是在我的家庭里持续制造混乱。

我的母亲会持续让我内疚，以控制我的情绪和状态。当我忙于自己的家庭事务时，她并不会关心我经历了什么，只会说我没有照顾好他们。最开始我会感到内疚，但是后来我明白了，这本应该是我父母这一辈人的主要责任，并不是我的。在我小的时候，父母之间发生争吵或冲突时，我总会感到自责，其实这是没有必要的。他们应该去解决他们自己的问题，而不是将问题转移给孩子，我要把这些责任归还给相应的人。

换位思考，如果我有了孩子，我不会也不应该让孩子来解决我的问题。我也不应该利用我作为父母的特权，对孩子进行控制。孩子是由父母生养的，但不是父母的附属品。"天下无不是的父母"这句话并不正确，它更像是父母为自己的特权设置的通行证。

如果我们追求个人成长，那么一定会有这样一个阶段：我们发现了原生家庭的不足，并且处理好这个课题，完成真正的精神分离。这并不是一个需要避讳的话题，除非我们不再有成长进步的打算，或者我们准备一直活在上一辈人划定的控制范围中。只要我们想成长为更好的自己，必然就会有一个与原生家庭精神分离的过程。

分离不意味着切割，不意味着决裂，而是意味着上一辈人能够守住自己的边界，对下一辈多帮忙、不添乱、多关注、少控制，让下一辈人获得更好的发展。当下一辈人得到了充分的理解与支持后，他们也自然会将个人成长与发展的成果回馈给长辈。这才是代际成长中最健康的合作模式。

我这样走出 30 岁前的本领恐慌

30 岁前我最大的恐慌就是自己快 30 岁了，总感觉自己本领不够多，事业不够强，总想再做点什么。现在，我站在快 40 岁的人生门槛上，回顾自己 10 年前的心路历程，我发现，人生就是不断地爬坡过槛，走过一个又一个 10 年，克服一次又一次本领恐慌。

持续写作，改变生活节奏

受到"好学生思维"的影响，我在刚刚参加工作时，生活节奏是比较松散的。根本原因在于，我不知道自己到底要什么。

上学时，我和同学们过着几乎类似的生活，衡量尺度也比较单一：上课、做实验、写论文、找工作，一起随大流，共同爬梯子，怡然自得，大家聊的共同话题多，遇到问题也是"毕业再说"。工作以后，我接触到更多的人，他们的年龄、身份、职业、地位各不相同。我突然感觉自己像一滴水掉进了大海，大浪滔天，找不到北。

在他人看来，我的工作不错，光鲜亮丽，人生坦途。但是我的内心却充满了矛盾：没有人生目标，想到读书时的辛劳，就想贪图安逸和享乐，不想再辛苦。看着偌大的社会，我感觉自己渺小，又想着要做一些事情，不想虚度人生。尤其是当自己快 30 岁时，我的内心更是充满恐慌。

人生要往哪去，激情在哪里呢？没有清晰的目标，不敢取舍，既要光鲜亮丽的繁荣，又不愿承受黑夜漫长的孤苦。我感到自己陷入内耗与迷茫的泥潭，非常纠结，夜深人静打鸡血，浓度高，情绪盛，想要多努力；转眼天亮没起来，照样走老路。多做事，只是一句空话。

在泥潭里的人，往往都是信息过载的。手机不离手，疯狂刷社交媒体，刷的时候不用脑，总是忘记看过的消息，每次受到新启发，发现原来自己早看过；特别渴望即时反馈，在社交媒体留言后，期待对方立刻回应，等待回应时状态消沉，一旦小红点亮起，就备感精神，仿佛自己的人生突然亮堂起来；做一件事没多久就会走神，拿起手机，遇到好玩的内容就有新想法，没看多久就又走神，如此反复，不知道自己在干什么。

当上述行为严重到一定程度时，内心的良知就会将我拉回，于是我的负面情绪发作，压力大、有负罪感，上进心又开始发作，下决心，打鸡血，宣称自己要改变。然而治标不治本，散乱的注意力没有地方倾注，我还是会找其他渠道浪费时间，自欺欺人。

　　这些行为消耗了我大量的精力，我的注意力也一直停留在与这些诱惑做斗争上。但我其实一直没有赢过这场战斗，只是靠抽风式的运动，获得了短暂的平息。

　　直到我开始写作，每天都写，持续地写，渐渐地我突然发现自己能做到安静做事了，手机在旁边，不会频繁碰手机；我仍然使用社交媒体，却不再对未读信息有不可控制的欲望。

　　我觉得我自由了，不再被手机奴役，而是可以控制自己的注意力，聚焦在我应该专注的事情上。

　　我还因此有了很多额外的收获：减少了浪费时间的行为，也就减少了因为浪费时间而产生负面情绪并陷入内耗的行为。节省时间做更多的事情，效率进一步提升，我变得更加专注，也知道自己要什么，知道做减法，心平气和。

　　如果之前的生活状态是泥潭，那么我通过每天写作，让自己走出了泥潭。

　　我为什么如此确定自己的状态已经改变了呢？之前每到年末，我总会怅然，觉得自己一无所成，而年龄与日俱增，深感恐慌；但在 2014 年，我持续写作的第一年年末，我看着自己累积的 30 万余字文稿，竟然豁然开朗，面对时间的流逝，我感到非常充实，觉得生活无悔，因为我把我能做到的，全部都努力做了。

　　我终于不再因马上要 30 岁而害怕了。

有效输出，将感悟转换方法论

2012 年，微信公众号平台刚刚推出，很多业界前辈创立了公众号，邀请大家关注，他们的文字豪情万丈。当时我想，等我变得很牛了，也要创立自己的公众号。但这仅限于想一想而已，我不知道自己什么时候才牛，我也不知道要写什么。

那时的我，非常喜欢看评论类文章，看不同的人对同一件事情的看法，再把这些观点搬运到自己的大脑里，四处去分享，狐假虎威，别人怎么说，我就怎么说，好像这些观点都是我的。久而久之，我感觉自己好像知道了怎么去看待不同的问题，好像自己就是专家。

但是我没有意识到，这些想法都不是我的想法，而是来自外界、照搬植入的机械印象。我并没有通过自己的分析，在大脑中产生看法，也不会对这些观点进行分析，找出其内在联系，透视底层规律。这些零零碎碎的信息分散在大脑里，七零八落，单薄得没有一点力量。

尽管看了许多，但我仿佛仍站在一片瓦砾废墟之上。看上去我拥有非常多的信息来源，俯仰之间行业动态皆入我眼，世界格局全收麾下，却无法构建起高楼大厦，内心世界一片荒芜。这就很尴尬了，我像个强迫症患者，勤奋接收新信息，却没有驾驭能力，消化不良，反而淹没在信息的海洋里。

我被这个问题困扰已久，一直试图解决，却发现如果我的心智资源不足，就无法逐字逐句潜心阅读，更不要提投入精力去分析自己的"无能"了。虽然面对信息的海洋，我的内心充满希望，感觉未来一片光明，但我不能把这些信息变成自己的武器。

直到现在写下这些文字，我仍然可以淡淡地回想起当时那颗躁动的心，却无可奈何。

不过，我仍然要感谢自己的行动，至少我开始写了。当我开始去做后，就渐渐地发现事情好像有些转机。我曾经写不出一篇千字的文章，但是后来发现写出的文章字数越来越多，体系结构也越来越清晰。我的文思不再枯竭，文笔也不再干瘪。

于是通过文字，我开始重新审视自己的思考。我把这些想法逐渐整理成一个体系，相互关联，有基础有上层，命题和假设相互推导——这就是我关于个人成长的理论体系，主要由"持续行动＋刻意学习"的关键理念组成。这个体系指导我的生活，让我在一大片瓦砾上挖出了地基，地基打到了岩层里，并硬生生地盖起了高楼大厦。而这个体系也在不断地演进，支撑着我的成长与进步。

通过持续输出的文字，我把这个体系展现出来，分析其结构，阐述其作用。现在，我的公众号已经运行十余年，这个体系伴我走过了许多日日夜夜，见证了我的变化，因此我将其分享出来，希望大家也能从中有所收获。

助人成长，利他就是最好的利己

刚开始写作时，我像一棵柔弱的幼苗，从石缝中钻出，不停地汲取营养，努力向上生长。那时的我害怕突如其来的事件中断行动的脚步，也害怕有一些不能抗拒的力量让我被迫放弃，然后说，这个是真的没办法。

那时，我一个人小心翼翼地走着，每一个关键时间节点，如第 21 天、第 50 天、第 100 天，都感觉有很深刻的意义，感觉自己慢慢达到一个新的境界。于是我会写一篇文章感慨一番，给自己一个奖励。因为我觉得我从来没有尝试过这样持续地鼓励自己，走过一段较长时间的路。

那时的我为自己的行动感慨，为自己的努力感到踏实。这对我来说是一种从未有过的体验。人往往会对未知感到恐惧，我不断鼓励自己战胜这些恐惧，不忘初心，继续前进。

其间也遇到了一些意外情况，比如突然有一天，一篇文章火了，有很多人加我为好友，给我留言，告诉我他们读这篇文章的感受。从这些评论中，我发现自己的文字竟然是有力量的，不仅带动了自己，也鼓励了一群人，他们把感受告诉我，给了我很不一样的体验。

2014 年 5 月，我正在做 100 小时口译训练，很多人表示感兴趣。为了方便行动与沟通，我建立了第一个 QQ 群，带动了一群人。这是我最早的社群尝试，这个 QQ 群后续发展到 2000 人的规模，从中衍生出了《新概念英语》朗读训练。我们每年都会把这套教材朗读一轮，到 2024 年已经是第十轮了。

2014 年 10 月，我做了个人成长社群"S 成长会"。建立这个社群的初衷是想帮助大家在成长上取得突破，围绕怎样行动和学习提供帮助与引导。起初，我们在英语学习方面做了很多探索。我们发布了很多原创整理的学习资料，包括政要的演讲、工作报告，采用双语批注的方式，方便大家学习，引起了行业的广泛关注与模仿。后续有更多其他语言也加入了行动的行列，在最多的时候，我们有十门语言的各类小组在同步行动。

2017 年，我在社群开展了专题读书活动，每期选择一个学科，开展主题读书。到 2025 年第一季度，我们已经举行了 22 期专题读书活动，涉及心理学、营养学、经济学、历史学等不同学科，帮助大家提升读写能力，扩展认知视野，并且学以致用。

S 成长会运行 10 年，已经帮助上万人获得突破，"持续行动 + 刻意学习"的理念，也由此深入人心。大量的成长案例经验[1]，也让我的理论能力、交付能力、产品能力不断迭代提升。这就是一个正向循环的过程，我的行动学习，让我能够帮助更多的人，而更多人的进步与收获，又反哺了社群，也带给我更多的启发。

回想刚开始写作时，我总是害怕写作会因为某些原因中断，遇到"没办法"的场景。后来我发现，这完全是多虑了。过去 10

---

[1]　可以在公众号"持续力"（微信号：scalerstalk）回复关键字"案例"，即可查看案例合辑。

年，我设想的那种极端困难、"没办法"的场景，并没有出现。究
其原因，当我们真正想做一件事情时，我们总是会想到更多的办
法，找到更多的角度，发现不同的路径去实现它。

曾经让我遗憾的高考故事

上初中的时候，我买了一本《我们是这样考上清华的》，书中收集了清华大学学生的高考经验，书名很激励我。不过，对于读初中的我来说，要看懂高考经验分享，困难不少。

两年后，我以全县 70 多名的成绩，考入重点高中。等到高考前，我的成绩已经稳定在年级前五名。我知道自己离清华大学还有一定的差距，但是如果保持这个状态，我能考入一个不错的学校。我的高考成绩比预想的要差，距离清华大学的录取标准差了几十分。

我感觉自己的期待落空了，本想复读，再战一年，但由于找到了自己想学的专业，于是我改变主意，没有复读。最终我去了南京航空航天大学的信息安全专业。我报考这个专业的动机，非常简单淳朴：我用电脑时经常下载到流氓软件，不胜其扰，我觉得不能这样被欺负，要去学一些专业知识，把自己武装起来。带着遗憾与失落，我踏上了去南京的旅程。我甚至有一点焦虑，生怕自己落后于同龄人。

　　我经常想象在北京的同学过着什么样的生活，又害怕自己的未来就这么毫无悬念地确定了。于是我加倍努力，投入大量的时间学习提升，希望可以改变自己的未来。大一结束时，我的成绩全系第一。大学毕业前，我拿了 10 项奖学金，高考失利在我心中积压的遗憾，似乎消退了一些。

　　大学快毕业时，我计划花一个暑假学习巩固编程知识，准备就业。当时我对未来的设想是，去上海找一份工作，然后努力赚钱，并且在上海扎根。为了提高我的就业竞争力，我在大三的时候专门考取了上海英语高级口译证书。大三那年暑假，学校组织全国大学生信息安全竞赛的赛前集训，辅导员希望我参加，并告诉我在这个比赛中获奖对保送本校研究生很有优势。我当时脑海里想的是，以后就出去工作了，我要快速提升编程能力，于是一番抉择后，我放弃了参加这项竞赛的集训。

　　当时托一位同学的福，我们在学校给研究生的办公室里找到了两个空闲的空位。于是整整两个月，我们在那里度过了高强度的学习时光。我们一起做技术项目，交流学习心得，每天早上不到 8 点就出现在工位上，直到晚上 12 点回宿舍。南京的夏天很热，宿舍没有空调，澡堂已经关门，宿舍没有专门的淋浴间，我们只能仓促地在洗漱房冲个凉。两个月苦行僧似的学习生活，不仅极大地提升了我的技术水平，也让我和那位同学结下了深厚的情谊。

　　开学前的某个夜晚，我的脑海里冒出一个想法：既然正好成绩还不错，也有保研资格，要不试一下保研吧？于是，我问自己想去哪所学校？我的内心出现了一个声音：既然要试，就去那个当初最想去的清华大学。得知前几届学长学姐都没有保研上清华大学的案例，我并不知道自己胜算几何。但是我还是选择听从自己内心的渴望，决定大胆试一下。梦想还是要有的，万一实现了呢？

于是我认真准备材料，找老师写推荐信，提交申请。把材料准备完后，我的脑海里又冒出了一个想法：准备这么多材料，如果只用一次，感觉有点浪费，既然在北京选择了清华大学，是不是也可以在上海选择一所学校，试一下？于是我在截止日期最后一天，也向上海交通大学递交了一份申请材料。递交材料后没过多久，我同时收到了两所学校的面试通知。

在准备保研的同时，我也在紧锣密鼓地准备找工作。正好支付宝来校园招聘，我和我的同学都顺利地拿到了录取通知。这份工作比较合我心意，工作地点正好也是在上海，我感觉自己的梦想就要实现了。但这时清华大学和上海交通大学都给我发来了录取通知书，我陷入了纠结：去上海还是去北京？读研还是工作？我想去上海工作，那时支付宝的员工才几百人，我知道去那里工作很有发展前途。我也想去上海交通大学，因为录取我的学院与我的专业完全对口。我还想去清华大学，因为这个学校太好了，让我难以拒绝。

最终，我选择了去清华大学。当我在清华园的林荫下骑行时，我才想起来我在初中读过的《我们是这样考上清华的》。原来那颗种子，在多年前早已种下，而我却几乎忘却。这一刻，我感觉自己补回了高考的遗憾。

回望这段经历，我发现高考的遗憾并没有削弱我成长的节奏。虽然当时我会觉得前途茫然，压力陡增，但是我的斗志被激发了，行动也更果决了，这反而加快了我进步的速度。后续我在专业选择、求学深造、求职工作以及个人商业上的一系列正确决策，已经完全弥补了遗憾，甚至超越了预期。

我曾一度怀疑自己的人生选择

意外之喜的困扰

去清华大学读书是一件让我心情非常复杂的事情。我知道这是全国顶尖高等学府，我在这里学习，一定会获得比现在更好的发展和机会。除此之外，在清华读研不仅让我收获了足够多的成就感，也让我的家人在亲戚朋友面前挣足了脸面。然而，回顾整个过程，我从决定尝试到拿到结果，一共才不到两个月的时间，这个速度之快，有点惊人。毕竟我之前的努力目标与我的现状完全无关。我仿佛是一辆在国道上行驶的汽车，突然被命运拽上了另外一条高速公路。

这时的我陷入了一种深深的迷茫。我正在为一个目标全力以赴，已经到了能力完全达标甚至超配的阶段，如果此时我能达成一个看上去更好的目标，到底应该怎么选择？坚守过去的目标继续前进，还是选择那个看上去更好的选择，以此实现最大化的成长？会出现这样的选择，到底是因为我给自己定的目标过低，还是因为运气好？我是否应该及时调整我的心态、打开格局，这样才能发展得更好？

面对这些成长问题，我当时甚至有一点点绝望。我发现我无法从周围的同学、辅导员、老师或者家人身上获得任何真正有用的建议和回答。大家会说这几个选择都很好，但是并没有人能提供一个可以指导我思考的原则。我最终选择清华大学，是否就一定是最好的？其实当时我并不是很笃定。一方面，这个结果来得比我预期的容易，我没有感觉为此付出很多；另一方面，我知道如果选择清华大学，就要放弃一家前途光明的企业。

现在看，我当时纠结的核心还是在于缺少清晰明确的人生蓝图，还存在比较强烈的好学生思维。拥有好学生思维的人，是无法抵御好学校诱惑的。如果我对自己的人生核心价值不是很明确，就会在面对选择时患得患失，因为我不知道自己人生最重要的是什么，所以总会觉得自己的各种选择都挺好。

假如我有更加宏大和精确的目标，那么围绕这个目标，再去思考我的现状，其实决策就非常简单和容易。

如果我对自己未来的个人商业规划很清晰，没有金钱羞耻，想要尽快赚钱，那么去支付宝工作，就是更优的选择。那是互联网的黄金时期，越早加入，机会越大，收获越多。这样的结果，就不会让我对放弃清华大学感到任何遗憾。如果我明确了自己的人生目标是追求更好的学术发展，或者去更高的平台看看机会，那么清华大学就会是一个更优的选择。我在那里可以见识到更多的可能性，同时也可以给自己人生的迷茫和纠结留一些思考和探索的时间。

如果我们在决策时，认知还达不到这个高度，就只剩下一条路：不管选择什么，都把这个选择做到最好，使其成为一项正确的选择。

走上写作之路

在清华大学开学后的第一个国庆节，我去了一趟上海，看望我的好友。他当时已经入职支付宝，正式开始工作了。他热情地招待了我，我寄住在他家。每天晚上，我们出游回来，他还会再学习两三小时，这个状态让我非常佩服。在我看来，他的目标非常清晰，定力非常强，而且善于钻研，从不心浮气躁。他陪我去了一趟上海交通大学，我仿佛在寻找平行世界里的另一个我。

之后繁忙的研究生生活让我一度忘记了这些情愫。等到研究生毕业时，我在北京找到了工作，又去了一趟上海。这次去上海和三年前的心态又不一样了。我已经在北京学习和生活了三年，等到找工作时，我发现自己并没有那么强烈的动力去实现三年前的愿望。我感觉自己的目标已经发生了变化，但是我仍然去了一趟上海，看看已经工作三年的老同学，同时也是和过去的自己告别。因为我知道，我以后不太可能去上海生活了。

刚毕业那会儿，我处在一种纠结的状态。我知道这种状态非常不好，但是我无力改变。面对北京的高房价，我感到迷茫。我已经从清华大学毕业，为什么仍然感觉那么无力呢？而且看自己也快要 30 岁，内心更是慌张和焦虑。

这时，我的同学做了一件让我大为震撼的事情。他一个人花了一个多月的时间游历了亚欧七国，写下了近 10 万字的游记，还在豆瓣上连载发表，受到了很多读者喜欢。我问他为什么这样做，他说要在 30 岁前为自己留下精彩的记忆。在我读到他的游记时，前言的最后一句话让我印象极其深刻："于是，这场在我 27 岁的时候，用来送别我的年少轻狂的旅行真正结束了，留下了永久不忘的回忆，以及永不褪色的文字和图片。再见，不再少年的我。"

那时深陷迷茫的我，既羡慕他对自我成长的清晰规划和面向未来的决心，又羡慕他能够持续大量输出，写出如此图文并茂、丰富翔实的游记。见贤思齐，我也要为我的 30 岁，留下一些可圈可点的记忆。

于是我从 2014 年开始走上了写作之路，当时的我只有一个想法：我要做一件让我自己都感到足够厉害的事情，这样以后再回头看我的这段时间，就不会感到后悔。

最终经受住了考验

当我写了 9 个月后，有一天，我看到一则消息，阿里巴巴要在美国上市了。媒体铺天盖地地报道，即将诞生多少百万富翁、千万富翁。我同学持有公司配发的阿里巴巴的股票，我很羡慕，也很感慨，写了一篇文章《那一年，我去了清华园，你去了阿里巴巴》。这篇文章是为了纪念我们的青春和情谊，也梳理了我当年的思考和选择。没想到文章一经发布，全网火爆，被各种转载，成了我的第一篇大爆款文章。甚至支付宝官方也转发了，很多人因为这篇文章知道了我。

在那一瞬间，我又对自己曾经的选择产生了一丝怀疑。我不是没有预料到这个场景的出现，也不是没有想过，我的内心可能会动摇，但是当我真正看到这个消息时，我的内心还是仿佛被轻轻击中了。

如果你问我有没有后悔和嫉妒，真的没有，但这并不是因为我的内心有多么强大。但凡阿里巴巴早上市一年，我可能会做出另外一种反应。但正好在那一年，我开始持续写作，找到了生活的节奏，看到了人生的航向，我知道要往哪里走，也知道我可能会拿到结果。这是一种内心笃定但又有一点不安的情绪，就像参加团体赛，先上场的队友们纷纷取得了好成绩，自己也马上要上场，对接下来的结果充满了期待与紧张。我知道自己没有任何回头的机会，当年我选择了这个方向，另一个方向的未来就和我无关了。

第二年，我去上海出差，又拜访了他。他买了房，住进了大平层。他用家宴招待了我，我住在他的家里，看到了自己向往的生活：和家人在一起，读书、学习、思考、做家务，很安静、很有力量。那时，我在北京还租着老破小的房子住。看到好朋友取得的成就，我既羡慕又开心。我有动力，也有压力，因为我知道，我要努力。

之后几年，我赶上了自媒体和知识付费的红利。我做了社群、出版了三本畅销书。我帮助了很多人成长进步，也获得了回报。我也有了自己的大房子，过上了向往的生活。去年我结婚，邀请他和家人来参加我的婚礼。时隔多年，老同学终于再聚首，我无比开心。

现在回想，如果让我重新选择一次，我会怎么选？我还会维持原来的选择，因为以我当时的认知来看，有一个能够提升自己学历和眼界的高校，就是我的首选。以前有人看到我的文章说，你没有赶上阿里巴巴上市，亏大了。我能理解这种想法，毕竟那时的我也没做出什么成绩。但是现在没有人这样说了，因为他们看到我在自己的道路上拿到了结果。

直到现在，我已经不再去想自己如果在上海，生活会是什么样。我们只有在道路走得不够好、不够坚定的时候，才会东张西望，才会思考沉没成本，才会想象要是走了其他的道路会是什么样子。解决这个问题的根本思路，就在于明确自己的人生目标，然后踩出一条路来。

下面就是我 10 多年前的那一篇《那一年，我去了清华园，你去了阿里巴巴》。

那一年，我去了清华园，你去了阿里巴巴

本文在阿里上市前夕写给我在阿里的小伙伴，同时献给我们曾经的共同岁月。

——题记

那是青春肆意的年华，你和我是大学同窗，在这大四毕业的时节，我们同时收到了支付宝的录取通知。

这是一份看上去不错的工作。对一个普通大学毕业生而言，这应该算是很好的工作了，拿到的是系里最高的工资，只是记得你的工资比我的多一千块钱。但是我很服气，因为你的技术比我牛。你说我是你在大学中最佩服的人，其实我也一直觉得你牛气冲天。

除了薪水不错，这还是一份看上去充满希望的工作。在那个时候，支付宝员工不足千人，摩托罗拉看上去如日中天，以至于你有过犹豫，是否要去那里。但是时间告诉我们，没有去摩托罗拉是一个英明的决定。

这是系里仅有的两个来自支付宝的录取通知。它们同时到来，算是我们一个夏天夜以继日的学习与训练的回报。那时两个微不足道的本科生，在研究生实验室里混得两席工位，度过了一个炎热的夏天。我刚通过英语高级口译考试，一边学习技术，训练编程，研习 Java，一边练习口译，训练听写，模仿新闻，背新概念

四；那时你刚刚做完一个机器人参加比赛，还做了一个人机对话的模型，也在钻研相关技术，同时也顺带用口译的方法，做新概念英语训练。

暑假快结束时，你说这是你过的最充实、最规律生活的一段时光。的确如此。在 9 月快开学的时候，我们都能感到一种宁静，就像暴雨前的那种窒息感，像大变革前的悄然无声。

随后，我的一个偶然想法，演化成一系列密集行动，随后换来了一封清华园研究生免试录取通知书。这就是传说中的保研了，这份无法抵御的诱惑，带走了我的全部思念。于是，我去了北京，你去了上海。上海曾经是我的向往之地，但清华园也是……

就这样，那一年，我去了清华园，你去了阿里巴巴。

但是几乎每年我都会去上海，看看你的生活，看看另一所和我也有关的知名大学。我们的生活常常会被偶然事件影响，所以我也常常想，若来到上海，我在那儿的生活会是什么样？

按估值算，过了今晚，你也是奔向千万级的百万土豪，这算是在键盘的"演奏"下，多年积累，高度达成，开启新篇章。

其实写这篇文章倒不是在抱土豪大腿，而是纪念一个时代。因为我们彼此都在书写自己的篇章。

我研究生毕业后参加了工作，在工作上明确自己前进的方向；

同时，业余时间也在点滴积累，口译继续训练，文章坚持写。我的微信公众号每日更新，已有 260 余天，2014 年已经写作 25 万余字……而你对于工作的投入，对于技术的热爱，对于人文精神的探索，对于文艺与自由精神的追求，财务上的回报是理所应当。但是我一定要在这个时点，在这里写下两个感悟，给我自己，也是给好友，给读者。

1. 选择比努力更重要，最重要的是选择时的勇气，还有选择后的担当与坚持

互联网大潮是历史必然，众多有志青年纷纷投入并奋战在一线。一家公司上市解放一批人，一个团队被收购解放一群人。高风险伴随着高收益，席卷媒体的光鲜亮丽背后，也是加班加点工作时付出的辛勤与汗水。最后问题演化成，中关村咖啡馆里的一个小团队，疲惫的主程序员邀请你加入他们改变世界的时候，你是否会允诺，是否愿意舍弃一切，投身参与？如果你纯粹用现实收益衡量，这完全不是最好的选项。但是能验证梦想的只有时间，参与事业成长的只能是投入与陪伴，改变未来的只有靠自己与团队的主观能动性。一个团队有多种方式可以作死，做错的可能太多，做对的路径往往狭窄有限。

2. 在这种选择时刻，胜出的不应该是眼前利益，而是对意义的追求，价值的伸张

在清华园的这些年，我看到许多同学怀着理想与信念，走向

祖国的四面八方：走向新疆阿克苏的农村，走向广西的边境小镇，走向吉林东北的大山林，走向了福建沿海的山区……他们在国家的神经末梢，奉献着自己的力量，甚至献出了自己的生命。这是为自己的理想和信念而作出的贡献与努力。

每一次选择都相当于人生的开局，我们用勇气做出的选择，不一定立即换来好的回报与结局，开局从来不会决定结局的胜负。加入创业团队并不能代表你以后就会财务自由，远赴偏远基层并不一定直通高官厚禄。选择比努力更重要，选择的勇气很重要，同样，承担自己的选择更重要。无论如何，担起责任，坚持走下去。不突破重重障碍，就无法看见灿烂的曙光。

3. 新的大航海时代，每个人都应该寻找并创建自己的事业

这个时代就是一个大航海时代，大时代有大机遇。在这个全面互联的时代，我认为一个人需要的不仅仅是一份赖以生存的工作，而是一项事业，一项团结一批人共同奋斗的事业。这可能是一个完备的系统，或者一套顺畅运行的机制，在时时刻刻运转着。只有构建好这样的平台系统，个人的努力才能发挥出杠杆效应。

阿里公司的每个人每天都在忙，其他公司的人每天也在忙。但是阿里公司由于马云团队构建的平台，每个团队成员的工作成果都通过团队与平台的杠杆，呈现几何级的放大效应。是的，兵团作战的效果不仅远好于单打独斗，而且能撬动金融与资本的力

量，将更宏大的想法付诸现实，从虚拟世界映射到现实。

人生就是漫长的运营过程，一步走完，下一步马上就来。文中的阿里主角在这一页翻过后，也会有新目标。但是话说回来，这毕竟又是马云和他的合伙人的事业。放眼望去，我们能不能在更长远的视角下，创造一份属于自己的事业，这是一个需要永久投入、耕耘、努力的方向。

也许未来会在巅峰相会，也许永远天各一方，但是不管前方"峰回路转"，不管多少艰难曲折，在未来的某个时刻，我们永远会记得那个炎热的夏天那些共同奋斗的岁月，也会记得，那一年，我去了清华园，你去了阿里巴巴。

大凡治事，必需通观全局，不可执一而论。

———钱泳

掌握高效科学的思维武器

第三章

系统思维：强大的思维武器

职场上有两种人。一种人做事周全而缜密，提交的方案、执行的过程、拿到的结果几乎都挑不出毛病，充分考虑了各种细节，关键节点有提醒，重要环节有把控。与这样的人合作，简直如沐春风，高效又有产出。

另外一种人做事丢三落四，瞻前顾后，临近最后时限才匆匆忙忙开始，一提醒才想到，不提醒就忘掉，平时拼命加班，就是不见成果。与这样的人合作，提心吊胆，就怕合作被坑，辛苦又内耗。

如果你仔细分析这两种人的思维模式，就会发现一个重要的差别：系统思维。

理解系统的三个关键

系统是由多个要素共同构成，各要素相互作用、相互依赖，形成了一个复杂的整体。理解系统要抓住以下三个关键。

1. 系统的组成要素

如果我们把系统拆开，就可以看到各个不同的组成要素，识别这些不同的要素就是理解系统的第一步。要素既可以是有形的，也可以是无形的。如果把球队当成一个系统，那么教练、队员、后勤保障人员等就是重要的组成部分，球队的声誉、球队的能力也是不可缺少的组成部分。简单地拆解系统要素，依靠生活常识就能做到，但如果要拆解得全面且完整，就需要通过专门的训练提升。

2. 各要素之间的关系

系统内部的各个组成要素不是孤立存在的，而是相互之间有连接、有关系、有互动。这种互动会让系统涌现新的特性，形成整体大于部分之和的效果。一支球队的成绩好不好，不仅取决于每个队员的水平高不高，还要看全体队员的合作意识强不强。如果一支球队的团队合作意识很差，那么我们就会说这支队伍是一盘散沙。

3. 系统与外部环境的关系

一个系统往往会处在一个更大的环境中，最终要达成某个目标，或者实现某种功能，这就是系统与外部环境的关系。围绕这个目标，系统内部各个要素发挥作用，各司其职，最终完成整个系统的使命。不同的系统目标，会带来不同的系统行为。同时，只要系统不是完全封闭的，就必然与外界环境有互动、有输入、有输出，就像一支球队必然会有队员的加入和离开。

有意识地使用系统思维

系统思维是一种思考问题的角度和方法,是指我们在思考问题时,要能借助系统的概念来引导自己的思维,对问题进行全面分析。

1. 学会主动把不同的生活问题当成系统来看

很多人学了系统思维后,没有在生活中主动运用,不会主动把自己的所见所闻当成系统来思考,自然就感受不到系统思维的强大力量。只要处处留心,你就会发现生活中到处都有系统。

我们每天去上班,所在的单位就是一个系统。领导给你布置了一项重要工作,这也是一个系统。下班回家需要乘坐公交车或地铁,城市的公共交通就是一个系统。回到家后取快递,又遇到一个系统。吃完饭打开短视频 App,这还是一个系统。

当你在生活中刻意使用所学的理念来观察与思考后,你的学习效率就会高很多。

2. 关注系统的组成要素,以及要素相互之间的关系

看到系统后,我们就可以拆解系统的组成要素,思考各个要素是如何通过互动让系统运行起来的。我们可以先想想,自己上班的公司是如何运行的?公司由哪些部门组成?每个部门分别负责什么?有什么样的生产流程?哪些赚钱,哪些不赚钱?

我们坐上地铁后,也可以想一下,一座城市的地铁系统是由哪些部分组成的？地铁站要如何修建？线路要如何修建？一条地铁线路要有多少辆地铁运行？一辆地铁要配多少节车厢？怎样才能确保地铁平稳运行？高峰期与平峰期要如何调度？

充分考虑到系统的各个要素，我们的思考就会更周全、做事也更稳妥。

3.关注系统与外在环境的相互关系

我们思考完系统内部的事项后，还要看一看系统和外在环境的关系，这是一个跳出来看、提升格局的过程。

一方面，我们要思考这个系统的目标是什么；另一方面，也要看到系统的输入和输出有什么。在工作中，每个人不仅要思考自己所做的工作，需要与谁合作、依靠谁的产出、要为谁服务，还要思考自己在整个部门甚至整个公司所发挥的作用，这样才能更清晰地意识到自己工作的重点，合理分配精力。同样地，一座城市的地铁线路如何建设，也要考虑这座城市的人口分布、发展战略、百姓的出行需求等，这样才能高效地提升城市的交通效率。

我们在学习和生活中，可以经常使用系统思维来思考和决策。这样不仅能把握事情的本质，提升做事的准确率，还能避免思考上的缺项漏项。

如果写一本书，参考系统思维的三个关键点，我会思考这些问题：首先，这本书主要有哪些内容？需要包含多少个章节？其次，各个章节的逻辑顺序是什么？每个章节具体要包括哪些内容？最后，目前市面上的同类书有哪些？这本书能解决哪些问题，可以满足读者什么需求？回答好这些问题，能够避免写作过程中的自说自话行为，让写作更有成效。

如果想做自媒体，也可以运用系统思维。首先，要思考账号作为一个系统，要有什么定位、向读者传递什么样的理念、准备如何变现，这就是系统和环境的关系。其次，要思考组成系统的各个要素，包括账号的名称、头像、介绍、内容以及运营模式等。最后，还要思考账号发布的每一条内容之间需要有什么样的关系，如何更好地支撑账号的整体格调。

通过上面两个案例，你会发现，当你掌握了系统思维后，在思考问题时遵循三个关键原则，就不会两眼一黑，不知道如何下手，也能避免只看表面，无法深入的情况。你甚至还可以不断细化，每一个系统的要素可以再当成一个系统，继续拆解成更多的组成部分，依次重复分析，抽丝剥茧。

认识系统思维的强大嵌套能力

初学系统思维的人，往往会因为一件事情感到困惑：在拆解系统构成要素时，把握不准拆解的力度。要么拆出来很大的要素，不能充分反映系统的构成；要么拆得过细，跨越了多个层次，以至于影响后续的思考和分析。

这说明了系统的一个特点：层层嵌套。正因为系统思维本质上是一种认知视角，所以组成系统的要素可以再单独形成一个系统，继续往下分解，拆出更小的要素，这就是系统的嵌套能力。在层层嵌套的系统中，我们可以梳理出理解世界的规律。

请参考以下名词：

粒子、原子、分子、细胞、器官、生物体、群体、组织、社会、跨境组织、行星、太阳系、星系

从左往右，我们会发现，每个词都可以作为要素构成右边的系统。从最小的肉眼不可见的粒子，到浩瀚的宇宙星系，通过层层嵌套，我们可以把整个世界从微观到宏观贯穿起来。

由此我们能够得出以下两个结论。

1. 自然界和社会的复杂性随着嵌套层次的增加而逐步增加

不同层级之间存在紧密的相互作用和依赖关系。每一个上层系统的稳定运行与功能的发挥都依赖于下一层系统的正常运转。小到细胞的活动、大脑的运行、我们的工作和生活，大到社会的运转、国家的发展、天体的运动，都处在层级体系中的某一个层面。这些系统共同工作，构成了我们看到的世界。

2. 在拆解问题时，为了让思考专注，尽量在同一层次探讨和分析

理论上，任何对象都可以利用系统思维进行拆解，并且循环

往复。实际上，过度的拆解跨越太多的嵌套层次，会让思考无法聚焦。

如果我们运用系统思维思考人际关系，就会重点关注人际关系中的个体、交流互动、人与人的边界、目标与价值观等要素。但是如果你把人际关系拆解至电子的运动方式，并且讨论波粒二象性，就跑偏了。这两件事情从系统层层嵌套的角度，固然可以建立关联，但是在有限的时间和精力下，两个议题跨越了过多的嵌套层次，它们的相互影响微乎其微。拥有好的人际关系的一个重要原则，就是知道对方在关注什么话题，并且愿意与其在相同的层次上交流和讨论。

我们在拆解问题时，要注意当前的问题是处在哪个层次。每一个层次的问题，最多受到上下相邻的两个层次的影响，当跨越层次过多后，这种影响就会变得非常微弱。如果强行跨越多层嵌套进行干预和影响，那么往往会出现预期之外的现象。

俗话说："县官不如现管。"在一个多层级的组织体系中，处于权力高位的老板和处于权力低位的基层员工之间隔了许多层嵌套关系。也正因为如此，如果保安不认识公司老板，那么老板对保安的权力，其实还不如保安队长的权力大。我们在小品里经常能看到这样的故事情节：保安不认识新上任的老板，直接将其拦在门口，最后接到保安队长的通知后才将其放行；老板如果想让保安开门，最快的方法是找分管行政的高管下属或办公室主任。

在职场上，很多员工会认为自家公司老板为人和善，每天都是笑呵呵地与大家打招呼，而自己的直属上级却脾气不好，很难相处。这可能是一种偏见。公司老板对基层员工和蔼友善，未必是因为老板性格本身，而是一种最优的职场生存策略。

老板的管理权力不会直接影响到基层员工，而是通过管理层一级一级向下，如果老板想处理一名员工，只要让自己的高管去找下属层层处理就行。因此，老板的最优策略是对基层员工和蔼可亲、没有架子，但是可以在会议室批评高管。公司高管受到老板的直接指挥，每天要落实并且汇报工作，所以他们才知道老板最真实的样子。

利用系统思维增加阅读理解力

一旦理解了系统思维，我们就可以在读书和学习的过程中快速识别他人在表达中使用的系统思维。

《大脑的未来》一书这样介绍我们思想和行动产生的过程：

> 　　要构成一个复杂系统，神经元必须是半自主的，每个神经元与其他多个神经元存在微弱的相互作用，并且表现出非线性的输入、输出关系。这是一种开放系统，通过细胞水平之上的集群活动形成全局模式。神经元不再单独活动，而是参与到群体当中，重要的不再是单个细胞而是群体的活动……思想和行动相关的脑过程产生

于一层套一层的层级结构中，这种大量神经元的群体性质代表了这些层级中新的一层。

如果你掌握了系统思维，那么很快就能理解这段话的核心含义：作者把大脑比作系统，组成该系统的要素是神经元，神经元的相互关系是参与到集群中的共同活动，这种活动产生了人的思想与行动，也是大脑这个系统的目标。这里要重点关注，神经元细胞水平的活动并没有进一步向下拆解到细胞内部，也没有跨越多个嵌套层次。

运用系统思维，我们可以快速提升自己的思考质量，让思考更加成熟和稳健。这样，我们做事情的成功概率也会提高，因为抓住了事情的本质。如果我们把系统思维和个人成长结合起来思考，就会获得更加令人惊叹的效果。在开启有关个人成长的系统思维之前，我们先来探讨几个系统与力的话题。

利用系统，稳定输出"力"

当我们建立了系统思维的习惯后，我们会发现生活中系统无处不在。接下来的问题就是，如何判断一个系统的好坏。有一个很简单的方法就是，看这个系统在关键时能不能出"力"。

力包括大小和方向

力是一个矢量，具备大小和方向。当我们描述一个力时，不仅要说明这个力有多大，还要说明这个力是朝哪一个方向，二者缺一不可。你可以简单地理解为：力是一种推或拉的行为。

在人生突破的四个关键要素里，突破局部的关键就是要靠"力"。当我们给自己施加一个向上生长的力量时，我们就开始突破局部了。

力的稳定输出要依靠系统

系统最大的价值之一就是对外输出力。力是现代工业文明的基础。我们当前享受的现代文明，就源于人类社会找到了系统性的方法，能够获得持续稳定的力。

在农业社会，生产需要依靠人的劳动所产生的力。人力最大的特点是不稳定、不连续。人在田间劳作，太阳暴晒、温度过高、蚊虫叮咬、出汗缺水等因素都会让人无法持续工作。与此同时，一旦生产的过程过于复杂，消耗的人力与时间也会大幅增长。由于缺乏持续稳定的力，人类经历过上万年的农业社会，生产力也没有得到充分的发展。

直到 18 世纪下半叶，第一次工业革命出现，瓦特改良了蒸汽机，人类终于找到了一种稳定输出力量的方式。借助这种稳定的力量，人类能够实现机械化大生产。社会的生产力水平提高，大量商品快速流通，人们的生活质量提升，经济不断发展。我们现在坐着飞机、乘着高铁、开着汽车，快速跨越城市，四处旅游，本质上是由发动机提供稳定的力，驱动引擎工作，代替双腿步行，让我们完成了空间的移动。人类跨地区交流和沟通的速度比以往大大加快，又进一步促进了社会经济的增长。随着人类驾驭和使用力的能力不断提升，人类甚至能够脱离地球引力的束缚，探索月球、火星甚至更深远的宇宙。

作为一个集体，人类整体的进化速度远快于个体的进化速度。在个人层面，很多人还处在农业社会的阶段，没有获得稳定的成长力量的方法。在从小到大的学习过程中，很多人既没有形成良好的学习习惯，也缺乏长期稳定的动力。成年后，很多人走上工作岗位，想要自我改变，追求成长，却常常因为后劲不足，半途而废。造成这种现象的根本原因是，我们没有利用系统思维去思考自己需要构建怎样的个人成长系统，以此稳定地获得进步的力量，让自己持续成长。当在生活中遇到的困难阻力大于我们前进的动力时，我们就会停滞不前，困在原地。

力包括大小和方向，所以我们在思考时要同时注意这两个方面。有时我们的内心充满力量，但由于缺乏有效的统筹和管理方法，把握不住力的方向，内心不同的力量相互拉扯，最终相互抵消，我们只能原地踏步。现代人纠结内耗的本质就是心中的力太多太乱。解决这个问题的方法就是把力的方向调整一致。劲往一处使，心往一处想，这样相互抵消就会减少，人就获得了成长加速度。

系统的建设要靠力的投入

一旦形成系统，我们就能够输出稳定的力，哪怕一开始的力很小，也可以不断积累，慢慢建设一个更大的系统，输出更大的力。如此循环往复，用小机器制造大机器，我们能够使用的力就会越来越强大、越来越稳定。

人类的工业社会就是用这样的方式不断掌握了更加先进的生产力。我们只要想想每天正在使用的电力，就能感受到这种循环往复的强大力量。我记得小时候家里经常会停电，每逢学校上晚自习，我们就特别盼望停电，这样就不用学习了。每到除夕，村里的各家各户都打开电视收看春节联欢晚会，必然要经过一段时间的跳闸才能恢复。如今已经很少遇到停电事件了。

现在人工智能非常火热，其中一个重点的研究方向就是让人工智能能够自主设计出比自己更聪明的智能体。这样，人工智能就能实现自我的迭代和提升，越来越聪明。一旦这个难点被突破，就是一次新的工业革命，人类将获得更高级、更稳定的智力。这种新型的力量，又会引领人类文明新一轮的发展。随着 2025 年 DeepSeek 爆火，变革又向我们靠近了一步。

当我们的系统能够持续稳定地输出力时，这种力量也可以反过来用于系统本身的建设和发展。当我们打造了系统，开始持续输出力，哪怕很小，只要不断积累，就能往更好的方向发展。一部分力可以用于支持我们更好地学习、工作和生活，另一部分力可以用于个人成长系统的优化和完善。这样，我们就能变得更好。

系统与力的关系

系统与力的关系，非常密切。力为系统添砖加瓦，系统给力保驾护航，二者相辅相成，不断强化进步。我们建设更强大的系统，是为了输出更大的力；我们输出了更大的力，又能建设更强大的系统。这就是系统与力的复利式发展。与此同时，二者也有不同的侧重。

1. 建设系统是内功，要花费大量时间，厚积薄发

社会竞争的本质是系统的竞争，比的是谁的系统建设得更好。而系统的建设是慢功夫，不容易一下子出成效。正因为如此，很多人不愿意花时间在系统建设上。如果你能持续做正确的事情，一旦建设好强大的系统，就可以长久地输出力量，由此带来的优势能让你抢占先机，形成竞争壁垒，让竞争对手难以逾越。

京东在起步时就非常重视物流能力，为了打造更好的用户体验，投入大量资金，坚持不懈地构建自己的物流体系。这件事情遇到很大的阻力，许多投资人与同行都不看好。当时的同行为了节约成本，主要采用外包给快递公司的方式发货。最终大家发现，在各大电商平台中，京东的物流是最靠谱的，这也成为京东强大的优势，为其构建了竞争的"护城河"。京东自建了强大的物流系统后，甚至将系统改造成一家新的快递公司，实现了收发快递双向业务，最终独立上市。

在新能源汽车领域，蔚来汽车坚持走换电路线，让电池可充、可换、可升级。在其他同行都只支持充电、不能换电的情况下，它始终坚持在全国各地铺设换电站，加大基础设施投入，支持汽车三分钟满电。这件事情也长期被竞争对手诟病，他们认为这是一桩赔本赚吆喝的买卖。的确，铺设换电站需要投入大量的资金，

但是快速换电具备长期的用户价值，并且可以支持电池的持续升级换代。电池与车分离后，还可以参与电网的电力调度。这件事情也正在成为蔚来汽车的核心竞争力。

2. 关键时刻能出力，外人才能看到你的力

相比系统的低调，力更容易被外界看见。力是伶俐的、精准的，是目标导向的。力既可以短期突然爆发，也可以长期持久存在。外界更容易感受到我们的力量，也正因为如此，力是可以经过突击后展现的。在危急时刻，人的身体会大量分泌肾上腺素，从而爆发出惊人的力量，这种爆发力虽然不持久，但往往能让人脱离困境。

力本质上是快速见效的功夫。人们往往会对杰出的事件印象深刻。我们在默默构建系统的同时，也千万不能忽略在某个时刻精准出力。

外在表现出来的力需要背后的支持。有人说，台上一分钟，台下十年功。观众看到的台上一分钟是演员的表现力，台下十年功则是演员打下的专业基础，以及持续打磨的能力系统。我们在电商平台购买商品，上午下单，下午就能收到货，这种快速便捷的送货能力，就需要电商公司构建庞大的物流系统，每天有条不紊地处理上千万甚至上亿件订单，为用户提供稳定的服务。

系统和力是一种思考问题的方式，在日常生活中是非常常见

的表达。一旦理解了力和系统的关系，你就能在生活中的很多地方看到它们的影子。讨论系统时，我们未必使用"系统"两个字，我们可能讨论的是"制度""体系""体制""机制"。这些词背后反映的都是系统思维，都可以借用系统的理念来理解。

当我们讨论力时，我们往往会在前面加上各种修饰词，如战斗力、综合国力、公信力、合力、动力、定力、活力、影响力、软实力、感召力、塑造力、创造力、凝聚力、生存力、竞争力、发展力、持续力、同时发力、同向发力、综合发力、创造伟力等。如果你经常阅读各类文件与报告，就会发现各个领域的人们都在使用"构建系统、输出力量"的思考模式来表达。

学习系统和行动系统是个人成长的双翼

如果用系统思维来看个人成长，那么这个系统应该由什么要素组成？我看了很多关于成长的思维模型和方法，总结出了两个最简洁的拆解方式。

如果你想实现个人成长，最需要做的两件事情就是学习和行动。我把个人成长系统拆解为学习系统和行动系统。

学习系统输出的是学习力，强大学习力的表现就是这本书的名字——刻意学习。"刻意"两个字，刻画出了学习的本质。

行动系统输出的是行动力，强大行动力的表现，就是我另一本书的名字——持续行动，"持续"两个字，也道出了行动的关键。

学习系统和行动系统是个人成长的双翼，就像一架飞机的两个机翼，只有两个机翼同时发力，我们才能获得个人成长的平稳发展。

黑盒与白盒：理解世界的关键视角

我们建立了系统思维后，就可以从黑盒与白盒两个视角来理解系统，也可以借助这两个视角分析各种社会现象。黑盒与白盒的概念最早来自计算机科学中两种不同的软件测试方法。如果你不关心一个系统的组成，只关心系统与外界环境的互动，就是黑盒视角；如果你更关注系统的内部结构与组成元素，就是白盒视角。

黑盒视角关注高效应用

当我们开启黑盒视角时，就会更关注如何使用系统提供的功能，但是不关注系统是如何实现功能的。我们去饭店吃饭，不会关心厨师做菜的细节，只会关注菜是否好吃、能不能吃饱。我们去买车，会关注车好不好看、好不好开，但未必了解汽车发动机的原理、驻车制动系统如何工作。这就是经典的黑盒视角。

这时，系统就像一个黑色的盒子，我们看不到里面的内容，但是能用系统提供的功能开展工作。十字路口的红绿灯控制系统自动运行，车辆有条不紊地行驶，交警才能腾出精力处理交通事故。我们利用 AI 自动处理数据，自己就有更多的时间分析数据，挖掘隐藏信息。

从本质上讲，黑盒视角是用户与市场需求的外行视角。我们可以花钱购买、直接使用他人提供的产品或服务。我们的社会之所以能够高效运行，是因为不同行业的人分别产出自己的工作成果，投放到市场上使用。

正因为我们不清楚黑盒内部的细节，信息不对称，也给坑蒙拐骗留出了空间。每一次出现食品安全问题都会引起社会各界的广泛关注，其本质就是少数不法分子利用这种信息不对称制售假冒伪劣产品，以获得巨额利润。

要想解决这个问题，一是加强监管，把黑盒里的信息呈现出来，让全社会监督，并且对违法违规的行为给予严厉的处罚；二是自己生产，不再从外部购买，全面管控各个流程，这就是白盒视角。

白盒视角关注组成原理

当我们开启白盒视角时，我们不仅会关注系统整体的功能，更关注如何生产和制造出一套系统，并做好营销、运营等全部流程的工作。这时，我们就从外行视角切换成内行视角。

　　成为内行，就代表我们需要理解底层原理，把握每一处细节，控制每一个流程。白盒视角不仅要关注创造价值的过程，也要关注将价值传递出去的过程。当我们关注某个生产制造的全流程后，久而久之，就会掌握大量该领域内的信息，最终，我们会成为专家，形成自己的竞争优势。

　　有一句话叫"外行看热闹，内行看门道。"当你变成了内行，你就能够看到其他人看不到的更多地方。这样，你不容易掉入信息不对称的陷阱，但是也要付出更多的心力与代价。

　　黑盒视角与白盒视角对比表，如表 3-1 所示。

表 3-1　黑盒视角与白盒视角对比表

黑盒视角	白盒视角
花钱买，省事	自己造，费心
不用了解内部细节，专注于使用	细节了如指掌，容易陷入细节，分散精力
容易被坑，需要监管介入与震慑	不容易被坑，掌控力强，安全系数高

黑盒与白盒的平衡艺术

　　在这个社会中，每个人都需要依赖他人的工作成果。我们努力学会某个领域的知识，成为专家，在白盒视角下生产服务和产品并将其出售，换来收入；同时，无论是满足个人生活的消费，还是用于自己领域的生产，我们都要花钱购买他人的产品和服务，此时是黑盒视角。

整个人类社会相互协作，形成了一个层次复杂的合作系统，没有人可以脱离社会协作而独自发展。我们总要依靠他人的工作成果，实现自己的个人成长。从这个角度说，无论完全依赖他人的黑盒模式，还是试图完全独立的白盒模式，都是不可行的。

那么，什么时候采用白盒视角，什么时候采用黑盒视角，就是一件非常值得思考的事情。我们可以思考以下案例。

- C 国某企业长期购买 A 国芯片用于制造电子产品，但因为 A 国和 C 国出现贸易摩擦，C 国遇到芯片长期断供制裁，最后 C 国企业不得不自行研发芯片并上市。

- 过去 30 年，D 国企业把生产线转移到 E 国，利用人力资源的价格优势，在本土只留存品牌与研发，E 国的工业生产能力突飞猛进。

- 某项产品长期以来只有 F 国能生产，因此价格居高不下，G 国经多年研发攻坚终于推出了同水平的替代产品，之后 F 国把价格也调整到了原来的 1/10。

- 在油车时代，H 国为了学习汽车制造技术，用市场换技术，一路追赶；到新能源汽车时代时，H 国弯道超车，已经取得全球领先优势。

- 某大型垄断企业利用其优势地位，长期依赖乙方提供技术服务外包，久而久之，员工脱离一线实操，只擅长文字报

告与 PPT 制作，公司深陷形式主义与官僚主义，患上了
"大公司病"。

- 某创业公司租借场地办公，打印机、办公设备也均为租借，
以节省成本。后来公司创业成功，利润丰厚，自行购置了
一块地，建造了几栋办公大楼。

- 某人因为没有时间读书，于是购买了听书服务，每天听他
人解读一本书，遇到感兴趣的内容再专门买来纸质书精读。

- 某人想要学习大语言模型，但因为自己编程能力较差，利
用 AI 辅导编程，对于自己不理解的知识点，先跳过细节，
只把握主要概念，确保代码能使用就行。经过长时间训练，
技术能力快速提升。

从以上案例中，我们可以看到，黑盒与白盒作为两种不同的
视角，要在不同的阶段，以不同的比例使用它们。但有一个关键
点就是，每个人都要为自己的成长负责，只有这样，才能在漫长
的时间里抵挡不同的风险。

每个人都在为自己打造个人成长系统。一方面，在白盒视角
下，每个人都是自己系统的设计者、建造者和运营者，需要把握
每一个细节的工作。这就意味着当我们看到别人的成长取得结果
时，就要从白盒的视角思考，对方是用什么方法做到的，从而借
鉴现在他人已经在使用的系统，解构分析，借鉴迁移，打造自己
的系统。

从零起步时，我们可能需要他人较多的引导和帮助，此时我们更多地采用黑盒模式，借鉴一切可借鉴的资源，专注于实现成长。而一旦成长到一定阶段，取得了成就，我们就需要排查成长体系里的风险，保障自己的基本盘，将一些可能会存在信息不对称的黑盒替换成白盒，以提升系统的稳定性。

另一方面，在黑盒视角下，我们也是自己构建系统的使用者，利用自己建立好的个人成长系统，更持续地行动、更高效地学习、更有深度地思考。这些行为一旦成为习惯，我们就能够将更多精力用在更重要的事情上，提升认知，最终让我们获得一秒看透本质的能力。

我们的一生都在和外部世界互动，输入信息、分析内容、构建体系、搭建系统、完善升级。现代社会的竞争本质是系统的竞争。我们不仅要在白盒视角下更新优化，也要在黑盒视角下确保安全与稳定，最终在个人成长的道路上，走出属于自己的节奏。

边界思维：拆解复杂问题的利器

如果说黑盒视角与白盒视角可以让我们把握系统内部是否对外可见，那么系统内部与外部的区别、系统各个要素之间的区别，就离不开另一个概念——边界。

理解边界的深刻内涵

边界无处不在。任何事物只要不是无穷大，就一定会有边界。国家有国界，城市、街道、小区也有边界。时间也可以有边界，既可以是每天、每月、每季度、每年的自然时间切换，也可以是关键事件所形成的变化，如出生、考上大学、参加工作、组建家庭、有了孩子等。人际关系也有边界，从陌生人到点头之交，从萍水相逢到相知相恋，从合作伙伴到竞争对手等。即使我们在困难中感到压力，也要对自己有信心，不慌乱，因为逆境不可能永远持续下去，总会有边界。

边界区分内部和外部，隔离开不同系统，确保局部环境稳定。《大脑的未来》一书告诉我们，生命的起源受益于边界的产生，正因为有了边界，才有了封闭的空间，生命才有机会在边界内持续演化。油滴倒在水面上，油膜隔开内外，形成了不同的化学环境，许多有机物以及钙、钾等离子聚集其中，为生命形成打下了环境基础。类似地，细胞也会把脱氧核糖核酸（deoxyribo nucleic acid，DNA）封闭在细胞核内，使复杂的化学过程能够在有限且稳定的环境中进行。借鉴这个理念，我们也可以给自己的内心创造一个安全的内部空间，在这里我们每天能让自己充满力量，以面对第二天的生活与个人成长的挑战。

我们购买房子居住，其实是购买墙、地板、天花板作为边界所隔出来的空间。我们的国界防止不法者的侵入，这是对国家独立主权的捍卫。我们守护人际交往边界，是为了防止他人对我们造成伤害。我们组建家庭也是在社会大环境里构建边界，在边界之内，家庭成员相互支持、相互鼓励，给每个人足够的安全感，共同面对社会挑战，实现家庭进步。

边界既清晰又模糊

边界，既可能是精确和明显的，也可能是模糊和隐藏的。

清晰的边界，一旦跨越，马上就能看出状态的变化。我们拿着护照，离开边境口岸，就代表出了国界；我们购买了一套房产，完成过户并拿到房产证，就代表我们拥有了产权；我们从大学毕业，取得了毕业证与学位证，就代表我们完成了这一阶段的学业。这一类边界有很清晰的标识，便于检验。

　　但是也有一种模糊的边界，你并不能清晰地描述和界定它，但是只要你能看到，就能够精准地判断它到底属于哪一种情况。

　　一直以来，人们深受骚扰电话的困扰，但对于骚扰电话一直没有清晰的界定。有人曾经提出建议，设立统一的标准，如 1 小时打 50 个电话的号码就是骚扰电话，可以对这些号码进行专门处罚。但是这个说法站不住脚，因为一个人打 49 次电话和打 50 次电话并没有本质上的区别，都对他人形成了骚扰。此时，即使有了清晰的边界，也容易规避。当我们接到骚扰电话时，马上就能精准地判断出来。同理，身材的变化、头发的脱落、能力的提升，这些变化都没有清晰的边界，而是在缓慢变化。我们难以精准地描述，可一旦看到，就知道它属于哪种情况。这就是模糊的边界。

　　边界既精确又模糊的核心原因在于，边界并不是一条理想的、没有宽度的直线。生活中的边界往往都有宽度，当我们正好处在边界之上时，改变正在发生，这时我们的状态是"临界状态"。在这个将有未有、将发未发的状态下，我们就处在开启新时代的关键点。

　　很多人喜欢等到整点再开始学习，但是从来不等到整点才开始玩手机。这就是一种错误的边界思维的体现，想把某个有特殊含义的数字作为自己状态改变的开始。其实人生中的任意一个时刻都可以成为通往新生的边界，我们每一分每一秒都有机会影响我们未来的模样。永远不要说"赶不上"，不要总沉湎于过去，我们一直在开启未来的临界上。

认识边界的两个重要特征

边界并不是一成不变的。我们如何确定一条边界，主要取决于以下两个方面。

1. 我们分析问题的角度与高度会决定我们看到什么样的边界

当高度提升时，宏观边界出现、微观边界隐藏。当细节放大时，微观边界突显，宏观边界隐藏。站在月球上看地球，国家的边界就没有了，我们只能看到一个蓝色的星球，这是人类共同生存的家园。当我们把距离拉近，国与国、省与省的边界显现，我们都在地球之内，就感受不到地球与太空的边界。

高度其实代表"离得足够远"或者"足够抽象"。人很难脱离所处时代对认知的限制，对于当下的感知也不准确。当我们提升高度后，就会发现很多困扰我们的问题都能迎刃而解。一时的困难与情绪的波动、人与人之间的倾轧与斗争，这些在足够的高度下全然不见。倘若我们的高度不够，哪怕处在临界状态，也是浑然不知，只能等到状态完全改变才意识到，却发现自己已经错过一个时代。

曾经房价上涨多年，很多人难以判断趋势，直到上涨趋势即将停止才匆匆忙忙高位进入，这时房价又进入了下跌的阶段，直接赔掉了首付。对趋势的错误判断会造成重大的损失。

个人成长也有类似的道理。有的人会因为学习中的痛苦而放弃，放弃了以后才意识到，原来错过了如此重要的经历；而有的人能意识到自己正处在改变的阶段，能理解自己会产生消极的情绪，并且能发挥主观能动性予以干预，保障行动稳定，最终挺过去后发现，这段经历是自己宝贵的成长财富。

2. 我们对边界的认知与判断会决定我们的行动与结果

我们对边界的认知，也是存在边界的。一方面，我们要非常严格地恪守边界，行得正，走得稳。

对个人成长而言，我们要清晰地知道自己必须恪守的边界是什么，比如不去做对社会有害的事，不去做伤害他人的事等。这些边界就像地雷一样，一旦踩到就是粉身碎骨的结果，会让我们失去自己的家庭、事业甚至全部的生活。

另一方面，我们需要明确地知道什么时候可以打破边界的束缚，创造更大的价值。

我们在个人成长的过程中有一些错误的理念形成的边界，会带给我们束缚，让我们无法逾越，甚至产生自卑感。我们要思考的是如何打破这些边界才能换来更大的发展。

"我的数学成绩不好"是很多人在高考填报志愿时的一条限制性信念。因为数学成绩不好，不少同学就会避开那些需要学数学的大学专业，这样就会让自己的选择面非常小。从个人发展角度来看，这些避开数学的同学在走上工作岗位后，有不少人在需要分析数据时都会犯难，甚至直接影响到后续职业生涯的发展。

　　我在高中时，概率学得不好。因为这一点，我当时就比较害怕大学要学习的概率论与数理统计。在填报志愿时，我发现想学的专业大部分都要学这门课。当我躲来躲去而感到痛苦时，我突然想到，为什么要害怕学习这门课程呢？我不应该让逃避一门课的想法决定我未来的人生，于是我果断地跳出了限制，不再担心这一门课程，并且准备努力弥补自己的短板。等到上大学时，真正学起这门课来，我发现其实并不难，以前纯粹是自己想太多。最后，我的这门课程考了 90 多分。现在回头看，幸好没有被自己设想的困难束缚住，否则自己的发展会受到很大的束缚。

　　在个人成长的道路上，如果困难限制了我们，可以好好分析一下，看看是否有打破边界的可能。

高效拆解复杂问题的方法

　　当你面对的问题有一定的难度、很多要素相互影响、没有唯一正确的答案、无法按部就班地完成、需要动脑判断分析、需要长期投入时间与精力……这时它就是一个复杂的问题。在个人成长的过程中，许多对我们的未来有益的事情都是复杂的问题，但是由于无法取得立竿见影的效果，我们就很容易放弃。这类问题基本上没有可以照搬和照抄的解决方法，我们只能借鉴他人的思路，再结合自己的情况进行摸索。

复杂的问题不分大小，解决它们都要遵循相同的规律。找到一份好工作，考上名校的研究生，提高自己的收入，改变错误的习惯，打造个人品牌……这些都是复杂的问题。除此以外，在工作岗位上，我们也同样会面对复杂的问题：制作年度工作方案，组织一场大型活动，负责一个重要攻关项目等。问题的复杂程度因人而异，只要对你来说，它的难度超过了你当前的能力，需要你"跳一跳"才能解决得了，于你而言就算是复杂的问题。

面对复杂的问题，最有效的解决方法就是利用边界思维进行问题拆解。如果理解了边界的本质，我们在拆解复杂问题时就会特别高效。先把问题拆解成若干小问题，一旦能够解决每一个小问题，整合在一起，就几乎解决了大问题。

我们可以做一个思想实验：想象一下，你站在月球上，把问题的全景地图描绘出来，找到这个问题的大边界，这样整个问题的范围就能确定。接下来，把镜头拉近，让问题的各个构成模块开始变得清楚，于是你可以继续划分，在大边界内找到小边界，拆解成模块。之后，再拉近，把每个模块当作独立的问题来解，必要时可以再在每个模块内部拆解。每一次拆解都要先找到问题的外部边界，再拆解成内部的边界。

一次只拆一个层级。我们前面提到，系统是可以不断嵌套的，由不同的层次组成。我们在拆解时，拆到适当的层次就可以，不能用力过猛。如果拆得太细，就无法在同一个层次讨论问题。当我们讨论一个社会问题时，可以按照不同群体的不同立场和观点加以分析，但是我们并不会拆解到每个人大脑神经元的活动，这就变成了另外一个领域的话题。如果我们拆解问题时不能聚焦思考的层次，就可能迷失在想法的海洋中。通常有以下几种拆解问题的方法。

1. 按照时间顺序拆解

在探讨边界时，我提到过时间节点是一个重要的边界，所以当我们在分析拆解复杂问题时，就可以按时间拆解。比如以"事前、事中、事后"这三个最简单的维度来拆解一个复杂问题。

你要办一场线下活动，涉及太多的要点，让你感到非常凌乱。最简单的方法就是按照"事前、事中、事后"三个方面来拆解，统筹思考。事前包括活动策划方案、组织报名、邀请嘉宾、会务安排等，这些工作都要在活动正式开始前准备妥当。事中就是活动举行的当天，要充分调动各种要素的配合，确保活动按议程如期举行，及时处理意外事件。事后包括活动结束后的各种工作，如完成活动决算、组织回顾宣传、做好工作复盘等。通过这种最简单的拆解，我们就解决了一个相对复杂的问题。长期训练拆解复杂问题的能力，我们做事情就会很有章法。

2. 按照逻辑顺序做拆解

逻辑顺序本质上也是时间顺序，它强调的是动作发生的因果关系，或者根据推理关系能够环环相扣。小品《钟点工》中有一段经典的台词："把大象装冰箱分几步？三步：第一步把冰箱门打开，第二步把大象装进去，第三步把冰箱门关上。"这个回答其实反映了边界思维。我们的目标是把大象装进冰箱，按照操作顺序可以分成三步完成。这就是最简单的按逻辑顺序拆解问题的方法。

3. 按照重要性做拆解

一个问题可能分成很多方面，如果某一方面很重要，可以把最重要的放在最前面，便于明确重点。

很多领导在部署工作时，首先会明确指出要实现统一思想，要求大家提高认识；然后提出具体的工作方案，要求不同的部门分工合作，每个部门需要完成的事情都会标注清楚；最后提出针对以上方案的保障措施，以确保所有工作如期开展。当你学会了这种拆解问题的方法，后续写方案时就可以借鉴。

拆解后的再审视

1. 三个拆解注意事项

当你把问题拆解成多个部分时，需要重新审视一下你的拆解是否准确，有三个方面需要注意。

相互独立，完全穷尽。各个模块之间应相互独立，没有交织的部分，不应该存在一个要素被分到两个不同模块里。同时，每个模块拼起来要能还原成原始的问题，不能存在遗漏的情况。当你将问题拆解后，如果有一个要素既属于 A 部分也属于 B 部分，那么你就要思考拆解问题的过程中是否切换了不同的维度，造成了拆解标准的变化。

坚持用同一维度完成拆解。如果你按照时间维度拆解一个问题，那么你就要始终坚持按照时间先后顺序，完成问题的拆解。如果你前两个分类是按照时间维度拆解的，后面又按照重要性拆解，就会纵横交错，造成问题拆解不清，工作出现遗漏。当你在拆解问题时出现了多个维度，你可以把其中一个维度折叠在另外一个维度里。

假如你要拆解一场活动的筹备工作，按照时间顺序分成事前、事中和事后三大维度，那么你就不能在拆完事前和事中维度后，再并列场地、物料、人员、资金这些要素，这是不同的拆解维度。但是你可以在事前、事中和事后三大维度拆解出来后，在每一个单独分类里面采用其他维度进行拆解，如按人、财、物进行拆解。

进行交叉验证。如果我们想确保问题的拆解全面且准确，可以采用两种不同的方法拆解两次，完成拆解后进行比对和验证。比如，办一场活动，从时间顺序上看，工作应该怎么开展？从人、财、物的角度看活动应该怎么组织？当你的拆解方法经过了两个以上维度的交叉验证后，你的思考就会比较完善，也不太容易出现遗漏。

2. 关注要素的相互关联

问题拆解的过程其实是一个系统组建的逆过程。不同的元素放在一起，相互之间产生联系，从而形成系统。当你在拆解一个复杂问题时，就是把它分解成不同的模块，同时考虑各个模块之间的相互关系。

如果我们只把一个大问题分解成三个小问题，却忽略了这三个小问题的相互关联，那么我们就会错过重要信息。对简单的系统而言，系统的整体等于局部的拼盘；对复杂的系统而言，每一个局部拼在一起后还会产生一些新的现象，需要单独分析。

现代解剖学已经把人的大脑拆解成了各种不同的部分，如前额叶、顶叶等。但是人们也发现大脑里并没有某个特定的部位能准确对应人的记忆或认知能力。人脑的思考等高级活动来自大脑中各个部分的相互协同，并不存在一个纯粹的对应关系。这就是一个复杂系统的特性所在。系统会呈现超出每个要素之外的新功能。这是我们在拆解问题时需要重点关注的。

3. 学习高手的拆解方法

有了边界思维后，你就可以快速了解任意一门学科，并学习和分析如何拆解这个领域里的问题。你可以找出一本教科书，看一看作者是如何设计不同的章节，各个章节之间是什么联系。当你能够明白书中各个章节的划分标准，你对这本书的理解就会提升很多，甚至你不必把整个书通读一遍，就已经大致知道这本书在讨论什么问题了。

当你有了边界思维，也学会了拆解问题后，再看其他人完成的作品或做事的方法，就可以从中梳理出对方是怎么思考和拆解问题的：他把哪些当边界，哪些不当边界，哪些边界坚决守住了，哪些边界直接打破了，这些都是值得我们学习的宝贵经验。

　　我们平时积累不同领域的问题拆解方法，可以从中学习思考问题的方式，然后将其用到自己的工作与学习中。每一种拆解本质上是一种观看世界的角度，从某个角度找到了划分这个系统的边界。我们积累的分析角度越多，看问题就会越全面，认知盲区也会越少。

输入与输出：持续成长和进步的关键

在理解了系统和边界后，我们需要重点掌握的两个概念就是输入和输出，这对个人成长非常关键。一个系统只要不是封闭的，就一定会与外界有交流，就必然会有输入和输出。一个系统要想持续成长，就必然要有大量的输入和输出。

输入：接受外部世界的影响

边界将系统内部与外部环境区分开。信息跨越边界，从外部到内部的传输过程，就是输入。站在个人成长的角度，我们读一本书、浏览一次网页、看一条视频、听一节课程，都算是输入。

输入的本质是接受外部世界对系统的影响。无论物质还是信息，一旦输入，就变成系统的一部分，与系统各个要素发生关联，从而影响到系统本身。

人每天都要吃饭，食物被咀嚼分解后，再经消化吸收，就会成为身体的一部分。人从这个物理和化学的过程中吸取食物的营养物质，合成维持生命所需要的成分。如果我们吃的食物不

安全，被身体吸收，就会影响我们的身体健康与生命安全。十
几年前，三聚氰胺奶粉事件震惊全国，婴儿食用了三聚氰胺含
量严重超标的奶粉会出现肾结石，这就是错误的输入带来的
危害。

与食品安全同样重要的是我们的认知安全。我们如何看待社
会、看待自己与我们所处的信息环境相关。我们对信息进行分析
解读，留下了印象，形成了记忆，改变了自己的思维，这个过程
就是输入。如果输入的信息与这个社会的真实情况不符合，就会
扭曲我们的认知，我们根据错误的认知在社会中行动、做决策，
可能就会拿不到想要的结果，或者付出高昂的代价。

从个人成长的角度看，持续高质量的输入可以让我们吸收前
人的智慧，积累专业知识和技能，提升认知能力，沉淀出自己的
精神资产。高效输入，本质上是用外在的力量来提升我们自己的
能力。从这个意义上讲，我们学习和吸收的认知应该比自己当前
的认知水平更高，这样它才能引领我们往前走。

理念比身体领先，最开始可能会引发认知失调，让我们感到
不适。但这是脱离舒适圈的正常感受，很多人会在这个阶段放弃，
回到原来的阶段。这时，我们就应该用刻意学习的理念来指导自
己。多接收与真实世界保持一致的信息输入，哪怕我们当下不能
完全理解，持续做这种正确的事情也是让我们进步的关键。

我们可以通过一个系统的现状判断该系统曾经有什么样的输

入。如果一个人知识很渊博，那么我们就能推测，他在平时肯定接收了大量的信息输入；如果一个人思考问题很清晰，那么我们就能推测，他在平常一定做了很多信息分析加工的训练；如果一个人好高骛远，不愿意脚踏实地，那么我们就知道，他一定因为自己的浮夸获得了大量的正反馈。

当我们想影响他人时，就需要了解这个人曾经受到什么影响。这就是一个根据现状反推输入的逆向思考过程。

输出：向世界传递你的影响

一旦理解了输入，输出就很简单了。与输入的过程相反，输出是信息跨越系统边界，从内到外传输，并呈现效果的过程。

说到输出，很多人的第一反应就是文字。其实不止于此，我们在生活中每时每刻的表现，不论做的事情还是说的话，都可以算是输出。输出的本质是向世界传递我们的影响力。当你完成输出后，不论是完成的工作还是表达的内容、交付的成果，都不再属于系统内部。这也意味着失控的开始。

我正在写一本书。在草稿阶段，我可以对着文档编辑无数次，可以反复打磨，不停迭代。一旦定稿出版，变成了实体的纸质书，就完成了输出，它就脱离了我原有的思想系统。这时，书在哪里传播不再受我的管控。你可能在机场的书店看到它，可能在商场的橱窗里看到它，也可能在地铁上行人的手里或者学校图书馆看到它。对于里面的文字，每位读者有自行解读的权利，而这个过程，我已经不再有能力把控。

"被误解是表达者的宿命。"当你开始输出表达，内容就脱离了你自己，变成独立存在的客体。读者会根据自己的阅历和想象，生成对你的内容的理解，和你最初想要表达的意图可能并没有很紧密的关系。考虑到这一点，我们在平常输出时需要格外认真。我们只有一次表达的机会，要好好珍惜，尽量减少歧义或误解。

在生活中，很多人说话做事不够周全，总是先开口把话说出去，发现有问题后，再拼命解释自己不是这个意思，这是一种非常错误的行为习惯。还有一类人喜欢一边冒犯他人，一边又把"你想多了""我没有恶意"挂在嘴边。如果我们的表达经常被人误解，让他人感受到恶意或者产生不悦，以至于我们要不停地解释，或者让他人别多想，这就说明我们的换位思考能力需要提升，我们的输出表达还有很大的进步空间。如果我们珍视与对方的关系，就一定要通过对方的反馈深刻地思考和反省自己在输出时哪里能做得更好。

我们的输出虽然已经与原有系统分离，但是仍然会在更大的系统内对我们产生影响。这是因为系统之外还有更大的系统，离开了原有的边界，外面还有更大的边界，我们仍然受到更大的系统的影响。我们如何对待世界，世界就会如何对待我们。如果我们想有更好的成长，就要伴随着社会共同进步而实现，这是我们的社会责任，否则就会出现"公地悲剧"：每个人都认为输出了的信息与自己无关，那么整体的社会环境就会反过来影响我们自己。

管控：往更好的方向发展

在输入或输出时，还有一个关键的步骤就是管控。管控就是管理与控制，本质上是有意识并且主动地对输入和输出做出决策。把输入与输出管好，能让系统更加稳定，并且不断升级进化。

公司往往会有严格的门禁控制，防止闲杂人等进入，窃取商业机密。我们的大脑也要做好同样的管控工作，对于大量输入与输出的信息，要选择什么能进、进多少，什么不能进；还要决定什么能出、出多少，什么不能出。在进出之间，找到适合自己的节奏。

1. 对输入的管控，核心在于分层分级

我们每天都会接触大量信息，当信息进入我们的大脑时，我们就会对其进行分析解读并且产生反应。分层分级的核心就是要给不同的信息来源赋予不同的权重，合理地控制它们对我们的影响力。最终的目的是让我们对这个世界有更全面且深刻的理解，消除认知盲区，避免信息偏差。

下面列出了一些常用的信息渠道来源，我们可以评估一下，对于这些信息，我们要采取怎样的应对措施？

（1）意见领袖或者社交平台的博主对于社会热点的评论与发言。

（2）小红书上关于某个景点的打卡照片。

（3）微信里点头之交的联系人发表的对社会的见解和看法。

（4）你在社交平台上分享了一些信息，网友们纷纷评论。

（5）官方媒体发布的新闻动态、社会公告、评论文章等。

（6）专业领域内的教材或学术期刊上刊登的科研成果。

（7）上市公司新一季度的财报、股民微信群里的传言消息。

（8）一些微信公众号发布的广告软文中的故事。

（9）朋友、亲戚、同学与你在日常生活中讨论的对某件事情的看法。

（10）从小到大父母给你灌输的理念。

在接收输入信息时分配权重，本质上就是对信息进行不同程度的加工和处理。靠谱来源的信息可以多分析、多吸收；而不靠谱来源的信息，可以只作为一个参考。

我们吸收的输入，其实是其他人的输出。不要看对方说了什么，而是要看对方是怎么做的。观察一个人要多看他做了什么事情，过着什么样的生活，而不只是看他说自己要做什么，或者宣称自己有什么样的成就。在这个注意力经济的时代，头衔是一种低成本高效能的传播方式，方便大家快速记住这个人。但是当我们要对一个人做判断时，不能盲目地被头衔蒙蔽了双眼，需要破除这些光环效应。

如果我们想加快自我成长的速度，就要提高输入信息的质量。关于输入信息的质量，有一个最简单的"费脑原则"：如果你在接收输入时稍微有点费脑，那么这个信息可能就是高质量的。经典的作品、有深度的文章、透彻的思考，这些背后都需要有脑力投入，即使你看得有点费劲，也不要停下，再给自己一点时间，这也是刻意学习的关键所在。

我们要把输入当成一种提醒，提醒我们学会采用不同的处理方式，每一种方式都应该是被我们思考过、审视过的，有助于成长的，而不是被植入的、自动的、对自己有害的。只有这样持续管控输入信息的质量，我们的个人成长系统才会越来越好。

2. 对输出的管控，核心在于达到目标

我在全国各地举办新书分享会时，经常有一些读者现场向我提问，这本来是很好的交流机会，但有时对方说了半天，我都没有明白他要说什么。这时我就会打断对方，请对方把问题提出来。在网络上也有类似的现象，有的人明明是来求助的，但时而强调背景，时而表达情绪，时而抒发感受，时而描述现象，就是不说自己的诉求，很让人着急。

很多人在输出时经常犯自说自话的错误。可能因为这类人平常输出比较少，同时也不会被认真聆听，所以当他们拿到麦克风，获得输出机会的时候，就会过度兴奋，疯狂表达，忽略听众的感受。这种自顾自的输出，只是为了让自己宣泄表达的欲望。这种纯粹利己、不利他的过程，本质上是自私，一定要尽力避免。

有时，我们的身上会有一些"自动程序"，让我们在遇到某些场景时，要么意气用事，要么过于冲动，不由自主地说出一些不合适的话。这些话语往往不得体而且伤人，甚至还会破坏我们的成长和事业，让我们付出惨痛的代价。这种输出就亟需管控。

输出不能只为自己考虑，而是要考虑自己的表达需要达成什么目标。你的输出可以是说服他人相信你的结论，比如统一思想，也可以是让他人付出行动，比如购买产品等。

输出的本质是把自己的想法装进别人脑袋的过程。在这个过程中，你必须考虑对方的接收能力。输出时的一个重要挑战就是"知识的诅咒"。

当你了解了某个领域的大量知识，知道了很多概念原理后，就很难想象自己不知道这些信息时是什么状态。这会让你在输出时不自觉地使用复杂的术语，或者默认对方已经知道某些背景信息，因此他人很难理解你。

我们从普通人成长为高手，大脑里充斥着各种高级认知，说话也从简单变得高级。这时的我们不再用简单的语言描述自己理解的事物，表达反而遇到了瓶颈。从高手到大师是一个继续向上的飞跃，大师能够跳出"知识的诅咒"，用最简单的语言给普通人讲清深奥的道理，让多数人获得共鸣。打破知识给自己构造的边界，贴近读者、贴近受众，这就是输出的最高段位。

个人成长中输入与输出的平衡

要想维持系统健康地运行，输入和输出就要保持平衡，对个人成长尤其如此。我们要时刻关注自己在学习和行动中的输入量和输出量，并且进行动态调整。

1. 如果输入过多，就多输出

在这个时代，我们很容易信息输入过多。我们可能只是想放松一下，就被输入了大量短视频内容。一旦开始刷短视频，就会停不下来，最终因为自己浪费了时间而懊悔不已。我们也可能为了研究一个问题，阅读了大量的材料，仍然没有合适的答案，资料越查越多，概念越看越多，反而更加不知所措，陷入焦虑。

不管工作还是娱乐，都应该遵循一个原则：如果过多的输入造成了大脑的过载，就要通过输出平衡系统内外的压力。

哪怕你是为了放松大脑才看了很多短视频，仍然可以思考一下这些短视频有什么规律：穿越剧为什么好看？为什么你会觉得看剧特别爽？这些剧情有什么共同特点？如果让你写一个剧本，你会怎么写？想一想这些问题，你大脑的输入压力就会降下来。

同样的道理，如果你长时间专注于自己的工作，困在了资料的海洋里，不妨抛开所有的参考，拿出一张白纸，从头开始写自己的方案。输出可以减少你在工作上的负担，一旦你进入书写的状态，大脑就会自动调节，你就能慢慢地做完事情。这就是"输入驱动输出"的原理。

2. 如果输出过多，就多输入

如果你超负荷工作，过度加班，就会感到身心俱疲，缺乏灵感和动力。这是因为输出过多，没有足够的学习和输入，系统被"掏空"。此时，除了要注意休息，保持身体健康，也要给你的精神补充能量。

在长期输出的状态下，我们的认知会窄化，容易钻牛角尖，对于很多问题视而不见。此时，输入外界信息可以帮助我们重新审视当下的状态，更好地发现问题。

当我们在工作上陷入僵局，可以与同事交流交流，也许他们能迅速指出问题所在。因为他们没有深陷于具体的工作细节，旁观者清，所以能给予你帮助。这其实是很有价值的输入。

我在写书的过程中也有类似的体验，一份 10 万字的书稿，即使我自己多次审阅，过了一段时间后再看，仍然能发现问题。除了间隔一段时间，变换不同的介质也能发挥作用：我在 Word 文档里、在 PDF 文档里、在打印出来的纸质文件上，都能发现不同的问题。

　　大量输出后再输入之所以能取得较好的效果，是因为当我们知道要怎么表达时，对于信息会更敏感，吸收的效率也会更高。这就是"输出倒逼输入"的核心原理所在。

知者行之始，行者知之成。

——王阳明

第四章

打造学习与行动的成长双翼

学习系统：每天持续进步的底层逻辑

一个人的成长可以从两个方面着手：一是刻意学习，二是持续行动。它们分别需要学习系统和行动系统来支撑。学习系统关注如何让自己获得持续的进步，而行动系统负责让自己拥有强大的执行力。

学习系统是解决我们怎么学习进步的问题，这个系统输出的就是学习力。拥有较强学习力的人，掌握了一整套学习方法，能够高效自主学习，达成自己的人生目标。

明确学习目标：到底要学会什么

1. 相信自己能学会

很多人因为在学校的学习经历，对自己的学习能力产生了怀疑。他们面对学习的第一反应是担心自己学不会或者自己不是学习的料。成年后，我们掌握了足够多的学习方法，给予自己充分的时间，是完全有可能比曾经学得更好的。只有相信自己能学会，才能最终拿到学习的结果。

相信自己想要学的知识和技能，全世界已经有很多人早就学会了，我们并不是破天荒的第一人，所以我们大可放心地去追随前人的脚步。既然有那么多人能做到，那么自己也可以。

2. 从小目标开始

我们在第一章讨论过，人生的目标就是要敢想、敢做，人生目标中的三个大方向是职业规划、社会关系和家庭生活，围绕这三大方向可以进一步拆解出来 12 个小方向。学习目标就由这些具体方向衍生而来。

学习一定要从小的目标开始。在起步阶段，最重要的是获得足够多的正反馈，让我们有意愿前行。把目标设定得较容易，能让我们以比较轻松的方式达到，会给我们一种确认感和安全感。当我们反复达成小目标，从学习中获得鼓励，感受到回报，也感到安全后，就会愿意投入更多的时间，跨出舒适区，探索达成更高的目标。

3. 明确学习类型

我们给还要思考要在什么样的场景下使用学到的知识。使用场景会决定我们要采用什么样的学习方式。通常，有以下两种不同的学习方式。

· 场景化学习

场景化学习主要是急学现用，需要什么，就学什么。在这种学习模式下，遇到具体的问题，我们马上去查找相关资料，找到关于这个问题的各种解决方案，快速学习，并综合分析和评估，选择适合自己的可用方案，以尝试解决问题。

这是一种场景化、碎片化、问题导向的学习方式。这种学习方式的好处是能够快速见效，给我们很强的成就感。我们每解决一个问题就会多积累一次经验。如果我们把解决的过程和经验记录下来，还可以形成输出的内容分享出去，帮助其他人。

这种学习方式的不足之处是会让我们局限于表面。能通过快速查询并解决的问题往往是偏事务和操作型的问题。我们可能积累很多具体的案例，但是深度不够，可能无法举一反三，还需要通过系统性学习来弥补。

·系统性学习

系统性学习更侧重于学习的完备性与系统性，把一个领域从头学到尾，好比盖一座学习大楼，要先给自己打好地基，再一层一层地往上盖。我们在学校学习一个专业，或者从零开始进入一个新领域，一步一步往上走，就属于这种学习模式。

在这种模式下，我们会先了解领域的基础概念，掌握底层原理，积累具体案例，再解决实际问题，甚至开展知识的创新。系统性学习能让我们扎实地掌握知识和技能，形成竞争壁垒，但是需要我们投入大量的时间和精力。

· **两种学习类型对比**

场景化学习和系统性学习各有特点，各有其适用的领域。当我们需要快速解决生活或工作上的问题时，没有那么多时间去系统学习，我们就要采用场景化学习的思路。

比如，我们想学习怎样清洁厨房和卫生间的污渍，并不需要从有机化学或者家政服务理论开始学习，我们只要找到网络上有经验的人分享的方法，学习他们的操作方式，选择一种适合自己的方案，模仿照做，就可以解决问题。

场景化学习是黑盒视角。有的人在场景化学习时，看到很多碎片化信息无序地充斥在眼前，就会产生焦虑情绪，总是希望找个时间把这些知识系统性地学习一下。这种对秩序的需求，每个人都会有，但这个想法属于内耗，没有必要。我们不会有那么多时间专门来做这样的事情，毕竟我们有自己的学习目标，在自己的目标上投入最多的精力，才是最有效率的方式。所以，我们要允许有很多信息杂乱无章，因为要将时间和精力用在解决主要问题上。

系统性学习是白盒视角。我们进入一个行业，以此作为自己安身立命的本事，就要练就自己的真功夫，因此很有必要按照系统性学习的方式，梳理这个领域里的基本概念，搞清楚基本原理，投入更多的时间开展系统性学习。日积月累，当我们对这个领域的理解逐渐深刻后，就能够更好地解决很多具体问题，从而成为一个高手，改变自己的生活。

4.场景化学习目标

学习的目标是我们行动的动力。我们之所以要学习，本质上是因为希望自己可以成为一个更好的人。当我们思考自己的目标时，可以把目标具体化、场景化，仿佛在眼前绘制了一幅精细的画作，这会让学习更有动力。

你想学习写作、提升写作水平，那么你可以想象一个场景：在未来某一天，你因为作品出版，应邀去上海参加书展，在那里举办一场新书分享会。在会上，你上台分享自己关于这本书的写作经验，台下坐满了来自全国各地的读者，甚至过道上都站满了人。他们手里拿着你的书，用期盼的眼神聆听着你的分享。在完成分享后，读者们热情地提问，你一一解答完后，在工作人员的引导下，他们排着队，请你给书签名。你的新书刚刚上市就很火爆，大家把书展上的书都买完了，你感到很开心。当你在脑海里想象出这样的场景时，你学习写作的动力就会增强。

你还可以想象一下，通过刻意学习，自己会获得什么样的新身份。你可以想象自己是一名技术专家，为公司的业务发展提供了高效的解决方案，节省了几百万元的成本。你也可以想象自己是一名职业讲师，每个周末飞往全国各地讲课，受到学员与客户的认可与尊重。你还可以想象自己是一名拥有百万粉丝的博主，能够带给你的粉丝持续的启发，改变他们的生活。你可以想想，什么样的身份会让你兴奋和向往，会让你觉得自己的人生达到了一个新的高度，改变了自己的命运。

我们对自己的学习目标描绘得越具体，就越有动力在日常的学习中不断精进，也就越不容易被暂时的困难与迷茫拦住脚步。

提高输入质量：好内容让学习事半功倍

一旦确立了学习目标，下一步就是要找到足够高质量的内容，使自己的学习事半功倍。高质量的内容来自以下几个方面。

1. 找到领域

任何你想学习的目标都会归在某个领域下，这个领域属于一个学科或者一个专门的主题。当你开始学习时，要做的就是找到这样一个领域和学科。用一句话来说，你要找到一个词，这个词能很好地描述你的学习领域。一旦找对了领域，你就打开了高质量内容的大门。

如果你想学好英语，那么你要找的领域会和以下关键词有关：英语学习方法、英语教学方法、第二语言学习等。

如果你想了解怎么高效学习，那么你就要关注学习科学，比如教育学、心理学、认知科学、神经科学等领域。

如果你发现自己想学习的方向没有对应的领域，也没发现太多适合学习的内容，就说明你可能没有用对关键词，请再继续寻找，变换关键词或者更换不同的信息平台。

　　一般不太可能会出现你的学习目标，全世界没有人关注这种情况。这也是普通人学习的好处，我们想要学习的，总能在世界的某个角落找到可以参考的资料。

2. 找到牛人

　　当你确定了领域，下一步就是要在这个领域里找到足够多的牛人。他们有的可能在这个领域深耕了几十年，有的可能是学校里的教授，有的可能是企业的创始人或高管，有的可能是畅销书作家，有的可能是有影响力的公众人物等。

　　这些牛人能构成这一领域的知识网络和圈层网络，他们一般都相互认识，他们的互动甚至能推动这个领域的发展。当你发现一个牛人后，很容易通过"顺藤摸瓜"的方式找到更多的牛人。牛人和牛人之间往往会通过合作作品、发表论文、在一个机构共事等方式产生联系。

　　在这个时代，牛人往往会在社交媒体上开设个人账号。牛人之间会相互关注，如果你沿着关注关系做调研，就能发现很多这个领域的牛人。这些牛人就是你高质量内容的来源，你可以学习他们的作品，研究最近关注的方向，关注他们的工作动态，与他们产生链接。至于如何产生链接，可以参考第二章投资自己的内容。

　　假如你持续学习，在这个领域里不断深耕与发展，那么你最终也会进入这些牛人的社交网络里。这些人其中的一个或多个，在未来有可能会成为你的贵人，成为你改变命运的助力。

3. 找到好内容

当你整理出领域中的牛人，下一步就是看他们已经发表的论文或者出版的图书，这些就是高质量的学习内容。每个领域通常都会有一些经典教材，你可以把它们找出来，快速阅读这些教材。然后，你会发现教材里又会引用或者提及其他教材、专著，从而扩大你的内容列表。除了已出版的教材、新发表的论文、行业的最新消息，社交媒体上牛人之间的互动，也可以成为你学习的素材。

除了牛人这个维度，出版社也是一个非常好用的查找维度。每一家出版社都会有自己独特的定位，也会发布自己的出版物清单，你可以在官方网站、公众号找到这些清单，发现那些对你有价值的内容。

我们在找内容时，一定要注意，我们的目的是学习，不要有完美主义的心态，不要试图一次性把内容找全。有的人越找越多，被激发起了贪念，想一次全部收集完，这样反而会影响学习速度。哪怕我们随意从一本简单的教材开始上手，也不会影响我们的学习进步。条条大路通罗马，只要我们不断学习迭代，就是在学习的康庄大道上前进。

4. 善用工具和搜索

在找内容的过程中，搜索引擎是一个非常重要的工具。在使用搜索引擎时，不要只局限于一个搜索引擎，如只用百度搜索，那是绝对不够的，也不要只限于一个关键词。

我们可以使用不同平台的搜索引擎，搜索不同的数据库，浏览不同的网站或者社交平台。我们可以在豆瓣或微信读书上搜索关于图书的信息和内容，可以从微博、小红书、知乎上搜索关于图书的交流内容或者作者的账号，可以在中国知网、谷歌学术上搜索关于作者论文的信息。

现在人工智能比较发达，这也是一个很好的工具。通过向人工智能提问，你可以整理出某个领域的牛人和他们的主要观点，再加以验证，就能达到按图索骥的效果。

高质量的输入主要体现在我们有方法找到足够多的好内容。只要我们关注到领域里的牛人，学习他们的内容和思考逻辑，我们的学习成果往往都不会很差。

深度加工分析：开启高效学习之路

当我们有了学习目标，找到了高质量的学习内容，剩下的工作就是投入时间加工和分析这些材料。我们可以采用以下方法。

1. 适当的死记硬背

在开始学习时，基础概念、前提假设、定理推论这些信息扑面而来，容易让人感到恐慌。如果我们一时无法掌握，就可以采取"死记硬背"的方式。这样能增强对知识的熟悉程度，加快我们的反应速度。

学习英语时，把基础的音标记下来；学习数学时，把乘法口诀记下来；学习语文时，把经典的句型与表达记下来。扎实的基本功会加快我们后续进阶的速度。不论通过单纯的重复、理解后再记忆，还是采用其他记忆方法，把这些基础信息刻在脑海里，总归是有助于后续的学习与理解。

2. 接受前期的无反馈阶段

在学习初期，反馈不是很明显。我用一个"投石填河"的例子来说明。要想在河里建一座坝，先要把河水拦住，所以要往河里倒石头。河水很湍急，最开始把石头扔进去，很多石头会被冲走，散落在河床上，但是如果我们不继续填石头，就没有办法拦住水流。一旦开始执行，就必须持续下去，直到石头不断堆积，有一部分石头开始在水面出现。这时，我们前期的投入才能看到结果。

在把水流拦住前，我们所有的投入都可能沉入河底，没有看到任何反馈。同理，在学习的早期，就像往水里扔石头，只有等到石头堆积露出水面，我们才算收到了正反馈。在此之前，我们会经历一个沉默期，所有的投入和努力都好像没有任何回报。

人和人的区别就在这里，有的人坚持了下来，有的人放弃了。坚持下来的人，可能会因为不断调整和尝试，取得结果；而放弃的人，可能会再去找一个新领域从头开始，相当于重新填一次河。有些人能够在一个领域越走越深，而有的人只是不停地在低水平重复建设，不停地入门。你可以想象一下，这两种行为模式分别持续十年甚至更长的时间，会产生什么样的差距，形成什么不同的命运。

在任何领域的学习，我们都要做好面对沉默期无反馈的准备。在这个阶段，我们要努力夯实自己的基础，不因为基础性的工作漫长、没有直接结果而不重视，不能只追求表面功夫。

我们的学习过程就像建造一座大厦，只有把前期的基础打好，后续增长才会动力十足。

3. 搞清基本概念

当我们看到了足够多的内容和材料，就能从中提取一些基本的共性概念。这些概念在各种材料中反复出现，我们对它们的理解程度会决定后期学习的成效。

这时要专门花时间整理这些概念，形成一个概念清单。我们可以做一个"写100个概念"的工作，整理这个领域的100个概念，把每个概念的定义和解读用自己的语言专门写下来，放到一个表格里。如果对自己要求更高，还可以当成一篇文章来写，比如梳理不同的牛人怎么理解这个概念，每个人关注的角度有什么不同之处，这些概念适用的场景有哪些，等等。

有人会觉得这项工作没有必要，因为他们认为很多概念在书上都有，需要时去查一下就好。这个想法只要类比一下，就能发现问题所在：我们没有必要整理自己学的单词，因为词典上已经有了，都是现成的。别人加工过的内容是我们学习的参考，不能代替自己的整理工作。

这个工作看上去很简单，但是效果非常好。过去三年，我和来自几十个领域的小伙伴一起做了几期写 100 个行业概念的活动。我们用了 100 天的时间，每天写 1 个概念。大量的实践经验表明，当你持续行动，大批量整理概念的时候，就能够把这个领域的知识串起来，这样不仅可以快速了解一个领域，也有助于自己查缺补漏。

4. 搞清基本理论

每个领域都有自己的理论，这些理论构成了这个领域的基石。领域里的牛人往往也会因为自己提出了某种理论，而获得同行的认可。我们要快速找到这些理论，内化成自己的认知，用于指导我们的行为。

理论的背后是思考，我们要去分析这些理论，重点看这个理论是怎么得出来的、通过什么样的形式发现的。

在心理学里，当我们讨论一个现象时，往往都会介绍一些实验，这些实验需要重点去了解和学习。有的人可能会觉得阅读这些实验比较麻烦，不愿意看这些细节，直接跳过去看结论。在场景化学习中，我们可以先把结论用起来，解决我们的问题。但在系统化学习中，我们就应该把这些实验设计以及推导的过程也一并学习，这样我们就不仅知其所以然，也能掌握心理学思考方法的精髓。

在一个领域里，某个理论的提出往往和某个特定的问题相关联。这时我们可以去梳理这个领域里的一些常见问题，以及对应的解决方案。我们可以整理一个"100个问题和方案"，去倒逼自己梳理相关的知识，让自己能够用对应的工具解决实际的问题。把这些问题与解答思路迁移到工作中，也能极大地提高我们的业务水平。

5. 批判性思维

批判性思维是一种对自己连续发问、进行深入思考的能力，目的在于关注我们学习一段材料时背后开展的思考过程。通过批判性思维，我们可以分析研究这些材料背后有哪些信息、包含了什么概念、做了什么推论和假设，以及最后提出了什么观点。

当我们看过足够多的学习材料，分析过它们如何论证自己的观点、如何组织语言、如何引用证据、如何升华观点、如何把知识架构起来形成一整套作品，我们就能模仿并学习，运用于自己的输出。

6. 组织整理信息

在加工和分析内容的过程中，很重要的一点是要掌握足够多的方法和手段，帮助自己理解归纳和思考，从而形成自己的知识体系。

一个常用的方法是做笔记。当我们在学习分析信息时，可以把重点信息标注出来，做好笔记。我们可以记在专门的本子上，也可以记在电脑上。告诉大家一个重要的笔记诀窍：你在写笔记时，不要对着原始的内容照抄，而是试着用你自己的语言写出来。"看书不写笔记，写笔记不看书"，这样你就把训练融入学习的过程本身，减少学习过程中的分神。

另一个常用的方法是整理图表，可以画出思维导图，整理知识点列表，列出知识清单，甚至画一个视觉长图。对已经学过的知识进行梳理和总结，能提高我们的学习效率。比如，如果你阅读本书，觉得内容对你有所启发，就可以做思维导图梳理一下刻意学习的相关内容。

需要提醒大家的是：整理信息一定是谁整理谁收获大。对于加深学习印象来说，看别人整理的成果和自己动手整理，至少会有 10 倍差距。也就是说，如果你想在学习上有 10 倍收获，就应该自己主动整理。

7. 找到适合自己的学习风格与节奏

不同的人会有不同的学习风格和节奏，找到适合自己的学习风格与节奏，有利于取得更好的学习效果。有的人视觉敏感，就通过多画图的方式让自己印象更深刻。有的人听觉敏感，可以把学习的内容转换成音频，反复收听。有的人擅长数据分析，就可以从数据的角度进行论证讨论。

除了学习方式上的差异，不同的人也会对学习环境有不同的喜好。有的人习惯在安静的环境下学习，也有人喜欢在嘈杂的咖啡馆学习，两种环境都能够让不同的人进入高效学习的状态。

不管用什么样的方式学习，我们首先要找到自己喜欢的方式，让自己更快地进入学习状态，开启高效学习的大门。

输出反馈应用：用结果检验学习

输出是推动学习、检验成果最有效的方式之一。根据前一章的内容，输出就是跨越边界从内到外的一个过程。不管写成文字、做成视频，还是付出行动，都是输出的有效手段。我们可以采用以下输出方法，检验我们的学习成果。

1. 输出体系结构

考查一个人有没有把知识学到位，很重要的一个标准就是看他能否整理和输出关于该领域的知识体系结构。知识体系结构，可以通过一张思维导图或者一个树形目录的方式呈现。它能够展现出一个人对所学知识的理解程度，是学习成果的重要呈现方式之一。

要做到输出体系结构，就要把握整个领域的主要矛盾，然后把领域当成系统，拆解出各个相互关联的要素。每一要素又可以当成一个小系统，继续往下拆解，直到拆解出某一个具体的知识点或者一个具体的概念。

输出了体系结构，就相当于织了一张网，把掌握的信息都归纳和组织在一起。当你有了这样一张网，就可以快速评判自己的学习成效。这张网也可以作为一张学习地图，帮助他人更好地学习。

我曾经把英语学习的核心技能整理成一棵英语核心技能树①，并将其分成 4 个部分：基础设施技能、进阶发展技能、迁移创新技能和软实力技能。每个部分继续分设二级和三级类目，一共分出了将近 200 个条目。这些条目可以很好地帮助学习者在英语学习上自我对照，查缺补漏。

2. 输出观点和看法

检验学习成果的第二个有效方法，就是有意识地输出观点和看法。观点和看法，主要来自以下两个方面：

- 对于这个领域里已经达成共识的知识，你的理解是否到位和透彻？

- 对于这个领域里有争议的话题与观点，你有什么样的看法？

- 对于行业趋势与社会现象，你能否从自己的角度进行解读

---

① 如果你对这个技能树感兴趣，可以关注公众号"持续力"，回复"技能树"免费查看。

和分析，帮助更多的同行或受众更好地理解？

如果你能做到以上三点，你就达到了专家水平。这时，你的输出就面向了更广大的群体，你在向社会传播你的价值。

如果你从事面向用户的销售工作，那么你输出的观点和看法，应该更好地帮助你成交。如果你从事技术类、研究类工作，那么你输出的观点和看法，应该帮助你影响那些同行或前辈。

这是一个观点稀缺的时代。如果你学习到位，有自己独立的思考和观点，并且持续输出，也可以让他人快速理解，你就会在这个时代扩大自己的影响力，收获很多超出你预期的发展机会。

3. 输出关联与观察

除了输出观点和看法，学习中还有一个重要的练习——输出关联与观察。

事物是普遍联系的。当你发现了不同领域里概念和原理之间的相似性，也可以专门整理出来，形成自己的见解，发展出自己的理论体系，这就是你对世界的观察和理解。你可以不断地完善你的体系，这个体系输出后，也可以帮助更多的人。

当我的写作坚持了 10 天、100 天、1000 天时，我梳理出了"N 阶持续行动理论体系"，通过 10^n 这个维度，帮助我们看待生活。我把这个理论体系写成了书，也做成了课程，在线上和线下分享，帮助很多人提高了自己的成长效率。

　　我学的是计算机专业，所以在学习英语口译时，我把计算机的知识和口译训练的要点结合在一起，设计了一些有效的口译训练方法。这些方法帮助过很多人在口译训练中取得很大的提升，也获得了行业里前辈的推荐与认可。

　　在构建知识体系时，我们的知识要点要相互联系，融会贯通。当我们从第一个方向通往目标时，如果这条路断了，那么我们换其他的方向也同样可以达到效果。可以回想一下，高中学的很多知识点由于掌握不到位而被遗忘。如果这时我们建立了强大的知识网络，就可以通过其他方式把这些知识推导出来，那么我们就不用害怕考前会突然忘记一些知识点。

　　建立关联主要有两个方向的工作：当我们看到知识时，要想到一个使用场景，这是正向的关联；当我们在脑海里构建出不同的场景，要能够及时想到有哪些知识可以用，这是反向的关联。

　　很多人在写作时会觉得自己缺素材，不知道写什么内容。解决这个问题的关键在于，我们平常在输入时，就要建立足够多的关联，要去想清楚这个素材适用于哪些输出场景。这部分工作如果平常不做，等到需要输出时再想就来不及了，就会出现无话可说的情况。

　　对于事情观察得越多，发现的关联就越多，知识网络就会越发达，反应速度也会越快。

4. 输出案例与分析

检验学习成果的另一个重要方法是输出案例与分析。案例既可以来自他人的实践，也可以来自自己的总结。这其实是一个拆解的过程。拆解的本质就是把一个系统拆解出要素，分析每个要素之间的关联，然后逐一呈现出来。

社会上经常发生热点事件或者一些耳熟能详的案例，我们要能用自己的视角和知识进行分析。这个练习可以很好地把你的学习与社会实际联系起来。

如果你想学习新媒体写作，那么你的基本功就是要学会拆解市面上的新媒体头部账号。市面上已经有很多做的非常成熟的新媒体账号，对它们进行对标和分析，研究这些账号怎么输出内容、设计选题、组织表达和整体运营。这个拆解和分析的过程就可以形成一篇文章。这篇文章的价值会很高，也能帮助很多人。

你也可以把自己当作案例，分析自己过去的成长经历，看看自己哪里做得很好，还有什么可以改进的地方，等等。这种自我剖析一方面可以让你更了解自己；另一方面可以让别人了解你，加速你的破圈，让更多人可以链接到你，与你合作。

5. 输出行动与结果

学习的最终结果是要转化成你的行动。如果你学习了一番后没有做一些不一样的事情，那么学习可能就是空转了。

第一，你可以把你学到的知识教给别人。教给别人并不是要让别人学会，而是你自己借助教其他人这个动作，倒逼自己去组织语言。当你需要输出并且让他人理解的时候，你就会换位思考，想到对方可能不知道的场景。当你发现自己对很多问题不够清楚的时候，会更有动力学习。所以，教别人是一种非常有用的输出工具。如果没有人愿意跟你学习也不用担心，可以开直播直接讲，算法会为你匹配到愿意与你一起学习的人。

第二，自己去行动。当你把自己学到的知识用在生活中并且取得成果时，你就拥有一次完整的学习闭环。例如，你想提高自己的情商，阅读了一些关于沟通方法和技巧的书，书中告诉你非暴力沟通应该怎样做、关键对话应该怎样说。你把这些方法用于自己的工作谈判，取得了非常好的效果，这就是一种成果。这个成果也可以成为案例。如果你是因为看了谁的书，听了谁的课，跟着谁学习而取得这个突破，就可以把这些结果反馈给对方，对方会很高兴，甚至邀请你分享自己的案例。

行动系统：穿越时间持续增长的引擎

行动系统的建立是我们个人成长的"第一次工业革命"。建立行动系统能给我们提供稳定持续的"行动力"。这里重点介绍行动系统的四大方面。关于如何更好地持续行动，《持续行动》一书会专门探讨这个话题。

行动系统主要包括以下四大方面，一是集中兵力，战略置顶；二是平稳状态，随时入定；三是边做边记，回头复盘；四是留足余量，防范突发。围绕这四个步骤，我总结出了 60 个问题。通过学习这 60 个问题，你的行动力会有所提升。

集中兵力，战略置顶：明确最高优先级

要想能够持续行动，首先就要明确自己当前的最高优先级是什么任务，只有明确了自己的任务和目标，确定要做什么事情，才能集中优势兵力，投入其中。只有优先解决关键问题，才能早日达到最小正周期，收获正反馈，让行动更持续。这里分成了三个方面：一是盘点存量；二是寻找增量；三是抓大放小。

1. 盘点存量五问

盘点存量的目的是厘清自己的现状，诊断当前存在的问题。

（1）我的时间都花在了哪里？只要列出时间消耗清单，很快就能发现时间安排的问题。

（2）哪些事情产量高，哪些产量低？关注每件事情投入后获得的成果，计算投入产出比。这里的产量主要是指最终个人感受到幸福感的收益，如收入或情绪状态。

（3）哪些事情从根本上讲就不应该做？找到一天中被浪费的时间，下次遇到类似事情直接拒绝。

（4）哪些事情可做可不做？有一些鸡肋的工作可以拒绝或者直接外包出去。

（5）哪些事情一定要做？如果与你的战略目标保持一致，这类事情就是你的第一优先级。

2. 寻找增量五问

寻找增量的目的是发掘自己在哪些事情上还可以提高效率。

（1）每天哪个时段的状态最好？什么时候大脑最兴奋？回顾自己一天的生物规律，找到大脑最兴奋的时间段。

（2）什么事情可以交给别人做且我愿意付出代价？当你把一些事情交给其他人，你要考虑清楚需要付出的代价。

（3）如果每天可以多出两小时，我愿意多付多少钱？思考自己一小时能创造多少价值，愿意花多少钱去买这一小时。

（4）为了确保每天能完成一件事，我需要额外做什么事情？

行动的稳定需要投入哪些额外的保障，这是需要思考的事情。

（5）如果没有做到，我有什么补救措施？出现意外事件造成行动中断，需要有紧急预案。

3. 抓大放小五问

抓大放小的目的是引导自己思考取舍的问题。

（1）我每天必须做的事情是什么？这是底线任务。底线任务一般设置成比较简单的事情，在极端情况下也能完成，而且无须消耗太多时间，同时成果容易量化。

（2）我如何确保做的这件事情质量稳定？需要设置一些衡量工作效果的方法，防止行动中的自欺行为。例如英语朗读，可以通过要求练习录音的时长和原声时长一致进行质量把控。

（3）什么事情我愿意加倍投入，不计较短期回报？人一生需要使用的核心技能，如写作能力，思考能力，学习能力等，往往需要长期投入，关注长期回报。这是终身复利的事情。

（4）什么事情即使短期见效快、反馈好也不能做？有一些走捷径但是会带来伤害的事情不能做。例如，你要求自己每天走一万步，并且在朋友圈打卡，希望大家监督。某一天你没有安排好时间，目标无法达成。为了数据好看，你使用摇步器来完成今天的步数任务。

（5）什么事情即使内心再想做也坚决不能做？有一些错误的、饮鸩止渴的事情不应该做。例如，为了提升自己的写作能力，你参加了一个写作训练营。为了完成任务，你用人工智能生成作业并且提交后，获得了老师的好评。你默默地接受老师的夸奖，并没有告诉老师真实情况。

平稳状态，随时入定：让自己高效运转

在持续行动中，状态是影响我们发挥的关键因素。保持平稳的状态，有利于我们将行动进行到底。这部分包括三个方面：一是高点回调，兴奋时克制；二是低点加仓，沮丧时振作；三是随时开工，哪里都能干，把周围环境的影响降到最低，随时入静入定。只有这样，我们才能做到高效运转，保持平稳状态。

1. 高点回调五问

高点回调的目的是让我们在顺风顺水时，保持清醒。

（1）我今天情绪这么好，是什么原因造成的？找到带来积极情绪的原因，为下一步分析做好准备。

（2）这些原因中哪些是运气好，哪些是自己做得好？对于成功的经历，理性地区分哪些来自自己的能力，哪些来自时代的运气，避免错误归因。

（3）在这个情绪状态下，我可能会把什么事情做得更好？趁着状态好，就多干点。晴天多修屋顶，以备不时之需。

（4）这个情绪持续下去，我有可能犯什么错误？可能由于得意忘形带来动作变形，从而犯错。这个问题可以帮助我们保持头脑清醒。

（5）如果下次我还想感受到这样的情绪，我可以做些什么？

找到自己积极情绪的触发点，下次想感受积极的情绪，再次使用这些触发点，就可以帮助自己调整好状态。

2. 低点加仓五问

低点加仓的目的是让我们在逆境受挫时，仍然能振作。

（1）我今天的情绪这么差，导火索有哪些？人的情绪不会莫名其妙的差，找到触发点，调整自己的想法，这是我们进步的机会。

（2）这是自己的问题，还是外界的问题？分析触发情绪的原因主要在于自己还是外界，如果在于自己，就想方设法调整；如果在于外界且自己无法控制，就坦然接受。

（3）早期有没有因为不愿意做一些事情才导致今天的结局？追根究底，在自己的思想认识上找到当前问题的原因。我们承受的后果往往来自早期做错的一些事情，但是我们容易忽略这些错误。

（4）因为哪些认知上的盲点造成了现在的局面？每一次的盲点都是下一次改进的重点方向。

（5）现在我可以做些什么，能让自己感觉好一些？这个问题可以让我们专注在改善自己的处境上，而不是沉沦其中。

3. 随时开工五问

随时开工的目的是让我们能够快速调整状态，进入心流模式。

（1）我需要解决什么问题？现在的卡点是什么？如果有尚未完成的工作，这个问题可以马上让我们进入状态。

（2）现在我能做点什么？思考手里能马上做的事情，避开完美主义陷阱，解决"万事俱备才开工"的问题。

（3）在过去的人生经历中，什么事情最让我受不了？还要再来一次吗？找一个最令自己难以忍受的痛点，这个痛点会是我们弹跳而起、马上行动的原动力。

（4）我最不能忍受自己变成什么样子？我愿意付出多少代价逃离这种痛苦？深挖自己的内心，看到自己最不希望成为的样子，并且明确为此愿意付出的代价。

（5）我最希望自己成为什么样子？如果实现了，我的情绪状态会是怎样的？找到自己的向往，梦想和愿景是驱动我们行动的积极力量。

边做边记，回头复盘：通过记录提升行动

"生活如果值得过，就值得记录。"在行动中，随手留下记录是一个很好的习惯。这些记录有助于我们回头做好复盘，更好地认识自己的行动，从而提升动作的准确率。

这里主要包括三个方面，一是列出待办事项，并在完成后打钩；二是整理认知和收获，记录自己的启发与灵感；三是写下决策问题的思路，尤其是关于自己的想法和做法。

1. 待办事项五问

待办事项主要帮助我们关注自己每天工作的推进情况。

（1）今天我打算做哪些事情？每天晚上可以规划一下第二天的工作，第二天开工前可以再回顾确认一下。

（2）哪些是新工作？哪些是延续工作？哪些是突发工作？如果我们能对待办工作进行分类，就能对自己的工作性质有一个清晰的了解。

（3）今天完成了哪些工作？每天晚上复盘当日的完成情况。

（4）哪些工作未完成？原因是什么？未完成的工作做好记录分析，以便于调整第二天的工作计划。

（5）哪些工作推进顺利？推进顺利的工作要重点分析是哪些节点运行顺畅，固化这些因素，以确保下次运行同样顺利。

2.认知收获五问

认知收获主要引导我们关注自己每天的收获情况，让我们在成就感中结束一天。

（1）今天我在哪个领域有所精进？这里记录今天有所提升的领域或方向，如时间管理、工作思考、效率执行、人际沟通等。

（2）我知道了哪些以前不知道的知识？这里记录新积累的知识，代表着拓宽了认知边界。

（3）我明确了哪些以前模糊的内容？这里记录消除的模棱两可的知识，代表突破了自己的认知盲区。

（4）我修正了哪些错误的认知？这里记录的是对错误的修正，意味着可以减少未来的损失。

（5）我计划未来在哪些领域/方向继续深入？这里记录未来

的行动方向，明确自己前进的目标。

3.决策思路五问

决策思路主要让我们思考在面对问题时要怎么决策与反思。

（1）这件事情我是如何思考的？这里记录你在处理这件事时采用的逻辑和方法，帮助回顾和分析自己的思考过程。

（2）做的过程中遇到了什么问题？这里记录你在执行过程中遇到的挑战或障碍，便于总结经验教训。

（3）如果换成其他思路，会有什么得失？这里记录不同思路可能带来的结果，帮助评估各方案的优劣。

（4）还有什么新思路是我当初没有想到的？盲点在哪里？这里记录你事后发现的潜在思路和未曾考虑到的因素，帮助完善今后的计划。

（5）这些新思路，我能借鉴推广到什么地方？这里记录你在其他场景中应用新思路的可能性，帮助拓展思维和提高效能。

留足余量，防范突发：在波动中持续上行

当我们在行动中留足余量时，就能够更好地防范意外情况的发生。为了确保这一点，我们需要从以下三个方面入手：首先，运用底线思维，明确自己不可逾越的底线，并在此基础上增加安全余量；其次，提前完成关键任务，做到提早预防而非事后补救；最后，具备容灾重启的能力，让自己在遭遇挫折时能够迅速调整状态，重新出发。

1. 底线思维五问

底线思维提醒我们要关注行动中必须坚守的底线思维。

（1）每天我一定要完成的事情是什么？这是每日的最低要求，无论如何都要确保这件事完成，以保持自律和基础的日常节奏。

（2）做这件事大概要花多长时间？估算完成任务所需的时间，帮助你更好地管理和分配时间。

（3）在最差情况下，我可以在什么场景下／时间完成？考虑在最不利的条件下，如何仍然坚持完成这项任务，以保持最低的行动标准。

（4）我愿意用什么代价来换取底线的实现？思考为实现这一底线，你愿意付出的时间、精力或其他资源。

（5）万一底线被打破了，我还有什么补救措施？提前规划如果情况不如预期，你有哪些备用计划，以减少负面影响。

2. 提前完成五问

提前完成主要帮助我们在行动中创造提前量，争取主动。

（1）今天我的完成状态如何？反思今天的表现，评估任务完成的质量和效率，了解是否达成了预期目标。

（2）我还有多少可用的时间？计算你当前还剩余的时间资源，以便合理安排接下来的任务。

（3）我还打算多做哪些事情？思考是否有其他额外的任务或目标值得去达成，以进一步提升效率或增加产出。

（4）多做的事情可以给我创造多少提前量？评估如果提前完

成了额外任务，能为未来的工作或生活提供多少缓冲或余量。

（5）我最终兑现了多少？回顾今天的计划，哪些实际完成了，哪些未完成，从而总结经验，调整明天的计划。

3.容灾重启五问

容灾重启帮助我们关注如何从意外与崩溃中快速恢复。

（1）我是怎么把这件事情搞砸的？反思导致事情失败的关键因素，找出错误或不当行为的根源。

（2）我现在的情绪状态是怎样的？自我检查当前的情绪，以便更好地理解其对决策和行为的影响。

（3）我本能的反应是什么？观察在面对问题或挑战时的第一反应，以了解自身的应对机制。

（4）我可以马上做些什么改进这个状况？思考当下可以采取的具体行动从而迅速改善现状，避免问题进一步恶化。

（5）我还有多少储备可以临时启用？评估你目前的资源或精力储备，以应对紧急或未预见的情况。

复盘反思：以不变应万变的深度思考

在学习中，复盘是一项非常关键的技能。如果我们会复盘，我们的成长效率可以增加 10 倍。

深刻理解复盘的本质

要想理解复盘，可以先把这个词拆开来，分别看"复"和"盘"两个字的含义。

在众多释义中，"复"有两个相关性很强的意思：第一个是"转向（转过去或转回来）"，如"反复、往复"；第二个是"再一次，很多次"，如"复苏、复兴"。"盘"也有两层含义：第一个是"形状像盘或有盘的功用的东西"，如"棋盘"；第二个是"仔细查究"，如"盘算"。

综合来看，"复盘"是指对已经过去的事情，转头回去，再仔细查究。

我们复盘的目的有两个：一是对于我们做得对、做得好的事情，要找出其中正确的要素，加以巩固与强化，排除运气的因素，以便后续能够稳定发挥；二是对于我们做错的事情，要找出其中的原因与问题并进行修正，避免下次再犯同样的错误。

复盘，不仅能让我们保持盘面持续稳定，也能让我们在遇到挫折甚至崩溃时，快速恢复盘面。只有复盘，才能翻盘。

复盘是一种人生观

复盘代表我们面对时间的态度，是一种人生观。

当我们经历一件事情后，可以选择两种不同的态度。第一种态度是"事情过去了就过去了，往事不要再提"。

这类人往往会避免反思过去的经历。他们不愿意深入探究，不喜欢面对问题，试图让时间治愈一切，通过逃避和遗忘代替自我剖析和提升。这样在短期内可能带来心理上的轻松感，但从长远看，问题会积累成风险，会在未来的某个时刻爆发出来，会成为我们成长的代价。

第二种态度是"事情不能白过，不管发生什么，总能学到一些东西"。这是一种积极的人生观。拥有这种理念的人，更愿意回顾自己的经历，分析每个环节的反应，识别自身的行为模式，探寻背后的动机和底层信念，强化正确路径，纠正错误思路，提升成长效率。他们通过反思过去，修正错误。

极简的复盘上手法

复盘让人感到困难的根本原因是：我们不愿意动脑进行自我审视。目前市面上有很多关于复盘方法论的图书，提出了各种复盘的流程和框架，形成了非常成熟的体系，不仅能用于个人复盘，也可以用于团队复盘。但是这些理论对于希望学习复盘的新人而言，有一个很大的痛点，这些框架往往过于复杂，会让复盘无法持续。

很多人知道复盘很重要，但是迟迟没有启动或者不能坚持。有不少学员告诉我，他们每次想到要复盘，就想到一大堆复杂的框架和问题，干脆直接放弃了。我们需要为个人成长路上的新人，提供一个经过"裁剪"的复盘方案，让他们能够快速上手，获得正反馈。

在这里，我给出一个极简的复盘手法，用一句话就可以说清楚：复盘，从围绕一个目标，盯住一个维度开始。

1. 目标三问

要想复盘，首先要明确目标。如果你不知道自己复盘的活动要达成的目标是什么，就没有必要复盘。一旦有了目标，你复盘的目的就是要审视你之前的行为和这个目标之间是否存在一定的差距。

关于目标，可以问自己以下三个问题。

- 目标是否达成？当你完成了一件事情后，你要问自己，有没有做到一开始给自己设定的目标？这件事情你如何认定成败？

- 目标是否合理？在思考目标是否达成的同时，还需要思考目标的合理性。有时我们将目标定得过高，结果没能达成；有时目标定得太低，没有及时调整，让自己处在低水平重复，这都会有问题。

- 哪些目标需要迭代？思考自己在目标的要求下，还有哪些差距？有什么地方需要改进？

很多人平常在生活中不会用目标思维引导自己。于是，他们在复盘时就会出现没有方向的问题。我们要想复盘，首先要有目标，通过练习复盘，也同步培养自己的目标能力。

不要惧怕给自己制定目标，目标是组织你的资源，调动你的脑力的一个重要手段。在没有目标时，你会发现很多事情都能把你带偏，消耗会很大。当你有一个目标时，反而会更省力，你会知道什么时候该用力，什么时候可以不用力。

如果你在平时生活里缺乏目标感，不妨从今天开始，每做一件事情前，思考一下自己要达成什么样的目标。比如，你现在正在阅读这本书，可以马上思考一下你的目标是什么。是想学到一些新认知，获得一些启发，还是想找找作者的论述有什么地方不够完善，抑或是纯粹想打发一下时间？

2. 三个复盘维度

复盘时，我们可以从以下三个维度切入：时间维度、要素维度和场景维度。这是快速复盘的万能公式，可以优先选择时间维度。

时间维度。一个事情会有不同的时间跨度，可能是一小时，也可能是一年，甚至一生，长度可以动态变化。在按时间维度复盘时，可以先把事件发生的顺序从前到后梳理出基本节奏。这里可以运用系统思维里边界拆解的方法，将事件按大类拆成模块。例如，按照"事前、事中、事后"进行拆解。拆解后，可以针对每一个时间模块里，你的所见、所闻、所思、所想进行回顾和梳理。梳理的重点在于，你要意识到自己在那个时刻的每一个动作和想法是什么，是否有助于你更好地达成目标。

要素维度。在系统思维中，要素是系统的组成部分。在复盘时，关注要素维度，就是关注某个特定的主题或事情的一个方面。你可以专门关注事情发展的主要脉络，关注遇到事情的反应和行动，还可以专门关注心情与感受或者你与其他人的对话与交流等。

你可以重点挑选一个目标，专门复盘这一部分，其他部分可以先舍弃，不放在考虑范围之内。例如，如果你认为自己的情商不够高，希望提升，就可以专门复盘在工作中与他人的对话部分，是否给对方及时有效的反馈、是否能对对方感同身受等。

我们读一本小说，按时间维度，主要关注从前到后的整体故事情节；按要素维度，可以专门关注小说里某一类具体的细节。比如，有人会研究《红楼梦》里的服装或饮食，或者研究哪个主角出场了多少次，每次有什么特征，甚至研究作者的文字风格、用词习惯，都是按要素做分析的方法。

场景维度。按场景维度复盘时，我们重点关注在不同场景下，我们要注意的问题以及我们的表现。无论在生活还是工作中，每个场景都有其独特的目的和关注点，通过改进这些关注点，可以让我们获得事半功倍的效果。

在工作环境中，人们通常关注权力和责任、团队协作以及高质量的工作成果，这些就是复盘需要重点审视的地方。在亲密关系中，我们关注的重点则是换位思考、表达个人感受以及持续共情。在上课学习的状态下，我们关注教师讲授的知识点、内容和方法，以及如何快速有效地记录要点。不同的关注点要求我们在相应的场景中采取不同的行动策略。持续在这方面复盘，有助于我们在特定的场景中快速提升。

3. 快速上手，完成复盘

刚开始复盘时，我们可以选择其中一个维度进行复盘，重点关注在这个维度下，自己的表现和目标的关系：哪些行为和想法能够让我们更加接近目标？哪些会让我们偏离目标？当我们在脑海里对这些问题形成结论，就能转化成后续的提升要点。

如果我们每次复盘都能发现自己做得比较好与相对不足的地

方，那么每一次复盘都会有成就感。这种成就感会让我们更有兴趣坚持做下去。随着时间的推移，复盘会更熟练并形成习惯，我们就可以同时关注更多的维度，从而让自己的复盘更加成熟。到那时，我们就能形成自己的复盘体系。

复盘为什么好用

我曾经给很多学员做过求职辅导，有一条很关键的要求，就是每次面试一定要认认真真地把全部面试流程记录下来。结束后复盘总结在这次面试中，自己哪些方面表现良好，下次继续保持；哪些方面表现得不够好，下次如何改进。在每次面试前专门演练，调整好状态，坚持这么做的人，面试成功的概率会成倍提升，很快就能找到心仪的工作。

复盘之所以成为一种很强大的学习工具，核心原因在于我们发挥了自己的"元认知"能力。元认知是认知心理学的一个概念，是关于认知的认知。在思考问题时，我们能够意识到自己的思考过程，知道自己是怎么思考的，能够观察和分析思考行为背后的规律并有意识地改进。

正如苏轼说的："不识庐山真面目，只缘身在此山中。"当我们处在一个场景里时，总是容易当局者迷。假如把庐山变成一幅地形图，画上等高线，再标注清楚我们的位置和方向，那么我们在任何迷局之中，就有了一幅地图，能看清和找到自己的方向。元认知就是我们在学习中的全局地图。

在生活中，我们需要频繁使用元认知这种能力。我们出行时，用手机导航，根据我们在导航上的位置，调整我们的方向。我们出门前照镜子化妆打扮、整理仪容仪表。这些都是在使用元认知的能力。

元认知就是把我们过去的经历形成文字记录，输出形成客体。一旦输出后，我们就可以跳出视角的限制，进行审视和分析。将整个过程和目标进行比较，我们就可以看到自己后续需要迭代的地方。这种跳出时代看时代的能力，需要我们通过刻意学习来掌握。

我们就像一条鱼一样，游走在时代的长河中。河面宽广，波澜壮阔，但很多时候，我们并不是很清楚河流的方向。复盘就像鱼跳出水面，能够看到河流究竟朝哪个方向流动。时代洪流的方向，就是我们获得 10 倍成长的机会所在。

心态提升：成为学习高手的必要心态

从"好学生思维"到"实干家思维"

大多数人的学习经历都是相似的：五六岁开始上学，接着经历九年义务教育，然后是上高中，考大学。大学毕业后，有一部分人走向社会，开始工作，另一部分人攻读硕士研究生、博士研究生。从小学入学到最终学成毕业，我们的在校学习生涯最长将近 20 年。

这是一个普通人会经历的学习成长序列，也是我国的教育体制的主要表现形式。通过这种批量培养人才的方式，在过去 30 年，我国的教育体系为工业化和现代化作出了巨大贡献。

这种长期的爬梯子式学习也带来了一些不足，比如一些人形成了好学生思维，在学习中本能地寻找既定的路径，努力攀登以达成既定目标。好学生思维是一种被动型思维。我们做一件事情并不是因为内在驱动，而是因为可以讨好他人，或者获得外界的奖励。上学是为了考一个更好的学校，读书是为了更高的文凭，考试是为了拿到高分。这种思维定式一旦形成，就意味着在不同场景下，我们总在潜意识里寻找标准答案，并努力做到，但是唯一没有做的是探索自己的人生需要，我们想要活成什么样子。

在当下的时代，我们需要培养新学习思维。新学习思维要求我们从人生的角度审视自己的定位，发现优势，思考自己想要成为什么样的人、想要过上什么样的生活，以此为蓝图去解决问题、见人学事、学习新知；同时，借助人工智能提升学习能力，主动拿到成长的结果。这属于"实干家思维"。

当你拥有实干家思维，就不再局限于别人给你的评分，也不会琢磨猜测标准答案，而是坚定地朝着自己的信念方向走，拿到一个又一个结果。这种自我探索的过程充满快乐，也是人生的意义所在。

一个人从学校走上职场，要尽快完成从"好学生思维"到"实干家思维"的转换，这个转换过程越快，人生发展越不受限。

18 种扭曲心态对照自查

我见证了很多人的学习成长经历，也看到了许多人被扭曲的心态影响了学习效果。我总结了 18 种扭曲心态类型，如果你想成为学习高手，就要能意识到并克服这些心态。

1. 应试驱动：只为考试而学

现象：每次考试前拼命突击，考完立即"清空大脑"，马上忘记。

分析：拥有这种心态的人只关注成绩，忽视了对知识的真正掌握，他们只在考试临近时才有学习动力。这其实是将学习的意义狭隘地局限于应对考试，忽视了知识的真正价值在于实践应用。这是一种外在动机主导学习的表现，过度依赖外部的评价体系，缺乏内在的学习动力。

解决方法：从自身发展出发，思考学习对自己未来的职业规划、个人成长以及解决生活中实际问题的重要性。不要通过成绩评价学习，而是以实践应用为标准。

2. 形式单一：无法灵活调整学习方法

现象：比如学习数学公式时，仅仅依靠记忆力强行背下来，而不通过做练习题、推导公式等更适合数学学习的方法记忆，很难真正理解和掌握数学公式。

分析：拥有这种学习心态的人在学习时机械刻板，无法针对不同任务和场景进行学习方法的切换，导致学习效率低下，无法真正理解所学内容。

解决方法：掌握多种学习方法，根据不同的学习任务进行灵活调整。例如学习计算机，可以多动手编程实践；学习文科知识，可以多做思维导图；学习理科知识，可以多做公式定理推导。

3. 归因天赋：遇到困难时认为自己天生不会

现象：比如学习外语时，觉得自己没有语言天赋，一遇到单词背不下来或者语法理解困难就放弃学习，而不去尝试解决。

分析：拥有这种学习心态的人遇到困难或挑战时，常常自我设限，觉得自己"不是这块料"。他们丧失了尝试和突破的勇气，把失败归因于"天赋不足"，从而拒绝改进和进步，逐渐形成消极的自我认知。

解决方法：把大的挑战分解成小目标，达成小目标就可以给自己鼓励，不要一开始就对标大师级。从简单的目标上手，不要因为简单而感到羞耻，把简单的练熟后再慢慢升级。

4. 填鸭灌输：知识点堆积而不重视思维培养

现象：比如背诵历史事件时，只是死记硬背事件的时间、地点、人物等信息，而不去思考事件发生的背景、原因和影响，很难在解决分析问题时灵活运用这些知识。

分析：拥有这种学习心态的人过于重视知识的收集和记忆，却忽略了知识间的联系和背后的思维模式，只注重表面内容，不关心深层逻辑，最终导致理解偏浅、思维僵化。

解决方法：多问几个"为什么"，主动探究现象背后的原理和逻辑关系。通过批判性思维训练、案例分析等方法，培养深度思考的能力。

5. 忽略实操：理论上自我满足，却无法落地实践

现象：比如虽然读了许多关于心理学和情商的图书，知道了许多概念，但在实际的人际交往过程中，无法将理论转化为实际技巧，还是把人际关系处理得很差，难以与人合作。

分析：拥有这种学习心态的人在理论上消耗了大量的时间和精力，因此感觉自己有所提升，但这种"纸上谈兵"的方式并没有真正为他们带来实际改变，他们甚至会故意逃避改变。学习的目的是应用，而不是躲在理论的世界里自我满足。

解决方法：在学习理论知识时，要思考如何将其应用到日常生活中。对于难以直接在生活中实践的知识，可以进行模拟演练或者参与项目实践。

6. 无视情商：忽视社会情感和他人

现象：在团队合作中缺乏沟通技巧和同理心，无法与他人有效合作，影响整个团队的效率。

分析：拥有这种心态的人认为学习成绩才是一切，不重视情商的发展，对人际关系缺乏基本的关心。忽视情商会带来过度自恋和以自我为中心的问题，最终使人难以建立有效的社会关系。

解决方法：在团队中，主动承担一些组织协调工作，锻炼自己的领导能力和沟通能力；阅读与情商有关的图书，反思自己的社交行为模式，接受关于沟通技巧和团队协作的培训。

7. 感觉会了：逃避检验，诉诸主观感受

现象：一学习就感觉自己已经理解了某个知识点，但在做练习题或考试时，却无法正确解答问题。

分析：拥有这种学习心态的人会凭主观感觉判断自己是否掌握了知识，逃避接受客观的检验。这种逃避行为会让人产生虚假的自我满足感，主观感觉往往是不准确的，很可能会高估自己的学习水平。

解决方法：平时多做自我测试，通过自我检验发现问题。不要害怕正式考试，把它当作检验自己学习成果、查缺补漏的重要机会。

8. 检验作弊：看着答案应对考验

现象：做练习时总是习惯性看答案，缺乏独立思考，如果没有经过答案确认，就不敢往下做。

分析：拥有这种学习心态的人在面对检验时不愿意独立面对问题，而是依赖答案来保持心理安慰。他们缺乏真实自我评估的机会，导致自己的能力得不到提升。

解决方法：要认识到在检验过程中作弊是一种自欺欺人的不正直行为，其得到的结果并不能真实地反映自己的水平，这是一个做人问题，而不只是学习心态问题。

9. 依赖权威：总是向他人求助，不敢自己做决定

现象：比如在选择学习专业或者职业方向时，完全听从父母或老师的建议，而没有深入思考自己的兴趣、优势和未来发展方向。

分析：拥有这种学习心态的人习惯性地依赖他人的建议，缺乏独立决策的能力，不愿意承担主体责任，不相信自己能够做出正确的决策，逃避自我成长。

解决方法：在遇到问题时，先自己思考，试着从不同的角度分析问题，不要急于寻求他人的答案。从小事做起，逐渐培养自己的决策能力，每天反思自己的决策，找到提升方向。

10. 唯捷径论：只追求短期效果，不注重打基础

现象：比如在学习编程语言时，只想快速学会简单的代码编写，而不去深入学习编程语言的基本语法、数据结构等基础知识，结果在后续的复杂编程项目中遇到很多困难。

分析：拥有这种学习心态的人追求快速成功，只注重短期效益，而忽视基础知识的积累，没有认识到学习是一个长期的、循序渐进的过程。忽视积累基础会导致知识结构不完整，影响长远

发展。

解决方法：阅读有成就的学习者的人生经历、自传，了解他们是如何重视基础知识积累的；建立系统思维，根据学习目标，绘制学习路线图，将基础知识作为学习重点。

11. 唯长期论：以长期主义为借口，推迟当下的行动

现象：比如制订了一个长期的学习计划，但在日常学习中不努力，认为只要长期坚持就可以，结果学习成绩一直不理想。

分析：拥有这种学习心态的人明明在每个当下都没有完成学习任务，却总是说自己是长期主义者，慢慢来就好。这实际上是一种拖延和逃避责任的表现，他们没有正确理解长期目标与短期行动之间的关系。

解决方法：将长期目标分解成具体的短期目标，并为每个短期目标设定明确的时间节点和任务要求，运用如番茄工作法、任务清单法等效率提升的方法，确保每个阶段都取得实际的学习成果。

12. 逃避复盘：盲目追新，拒绝回顾总结

现象：在学习过程中只是一味地向前奔跑，想学新知识，却不愿意及时复盘，总结经验教训，遇到同样的问题多次犯错。

分析：拥有这种学习心态的人不愿意回顾和总结，会错失改进和提高的机会。复盘是一个重要的环节，通过回顾过去的学习

过程，我们可以发现自己的优点和不足，从而调整学习策略。

解决方法：深入分析问题产生的原因，是学习方法不当、时间安排不合理还是其他因素，根据分析结果，制订改进措施。

13. 逃避生活：用学习来逃避生活中的困难

现象：比如在生活中遇到人际关系问题时，通过埋头学习、不与人接触来逃避，结果问题越来越严重，同时也因为心理压力过大而影响学习效率。

分析：拥有这种心态的人面对生活中的挑战时感到无力，因而选择躲在学习的"避风港"里，但这种方式并不能真正解决生活中的问题，反而可能影响学习效果。

解决方法：勇敢地面对生活中的困难，不要把学习当作逃避的借口，思考如何把学到的知识和提升自己的生活能力联系在一起。

14. 逃避学习：以生活忙为借口，逃避投入学习

现象：面对学习任务时，找各种借口为学习"放水"，总说"太忙了"，从而掩盖自己的不投入。

分析：拥有这种学习心态的人逃避学习，其根源可能在于对学习的恐惧、对失败的担忧或者缺乏明确的学习目标，于是用"生活太忙"作为自我安慰的借口。然而，这种逃避行为只会让问

题积累，最终影响个人的全面发展。

解决方法：制订合理的学习计划，利用碎片时间进行学习，丰富学习方式，克制自己的完美主义倾向。

15.追求炫技：为了打造"人设"，而非自我提升

现象：比如喜欢在社交媒体晒书单，实际上未消化书中的内容，只是读了个皮毛，就想获得大家的夸赞。

分析：拥有这种学习心态的人学习不是为了真正地提升自己，而是为了显得自己更厉害，希望通过掌握一些技巧、展示学习成果获得他人的称赞，甚至刻意营造"爱学习"的人设，产生优越感。

解决方法：把时间和精力投入真正对自己有帮助的技能学习上，专注于那些能够带来长远利益的知识，而不仅仅是表面光鲜的内容。

16.盲目深造：遇到瓶颈就想回去"读个书"

现象：在职场遇到瓶颈，就选择考研、读博，认为只要"读书"就能自然而然地找到出路，实际上这可能只是逃避现实问题的一种表现。

分析：拥有这种学习心态的人对个人发展缺乏清晰的规划，依赖"深造"逃避职业和人生的挑战。这种盲目深造往往没有实际目的，最终可能导致时间浪费。

解决方法：在考虑深造时，不仅要考虑资金成本和时间成本，还要评估其是否真正有助于自己的个人成长。

17.毫无要求：不敢对自己有任何挑战

现象：比如在学习新技能时不敢加码练习，害怕失败、担心学不会，总是待在入门阶段，不断重复基础。

分析：拥有这种学习心态的人不敢对自己提出"学会"的要求，学习过程缺乏挑战，放任自己待在舒适区内。这种状态通常源于对失败和不舒适的恐惧，长期"放水"使自己无法真正学会技能，最终一无所获。

解决方法：先为自己设定小目标，完成后奖励自己，然后逐渐增加难度，让自己慢慢适应并积累自信，意识到只要有进步，就是成长，不必总是追求完美和舒适。

18.爱找理由：为自己设立"合理"的借口，自我安慰

现象：总为没完成任务找借口，比如"太忙了""不适合这项工作"，遇到问题第一时间甩锅，而不是正视自己有哪些地方可以提升。

分析：拥有这种学习心态的人遇到问题时总能找到"合情合理"的理由为自己解释，如"我没有足够的时间"或"这个领域不适合我"，逃避深层次的反思与真正的改变，这实质上是自欺欺人。

　　解决方法：一旦察觉自己找借口的行为，马上暂停。记录自己常用的借口，在生活中避免使用；主动反思自己的责任，把注意力从借口转移到解决方案上。

学而不已，阖棺而止。

——孔子

抓住学习改命的时代红利

第五章

大学生上课为什么一定要认真听讲

我在大学做分享时，经常问大学生一个问题："你在上课时，是认真听讲，还是在聊天、说话、玩手机？"有的人说："看情况，通识课我就不听，专业课我会认真听。"我的观点很鲜明：大学生上课必须认真听讲。

1. 认真听讲是一种能力

能力就像肌肉一样需要训练，需要持续培养，而培养的方式就是在大学的每一个课堂上要求自己认真听老师讲课。当认真成为习惯，你就会很享受这种高质量的行为给你带来的好处，如专注的能力、入定入静的能力，这些能力会伴随你的一生。

大学有很多机会能让你持续地培养认真听讲的能力。如果你在大学里形成散漫的习惯，就会发现在后续的工作和学习中，你很难再让自己专注。即使在关键时刻，你的弦也是绷不起来的。

2. 老师讲得不好不能成为不听讲的理由

大学有通识课，也有专业课，老师的水平也有差异，因此有些学生认为：这个老师的讲课水平不高我不听，大不了自己学，反正考试成绩也不会太差。

当一个学生说老师讲得烂时，我期待学生能明确指出老师可改进的地方。但是多数学生只是用"老师讲得很烂"作为"我不听讲"的理由，发泄自己的情绪，逃避学习的责任；再和几个同学抱团，相互认可彼此的观点，就能心安理得地在课上不听讲了。

一个认为老师水平不高的大学生，其水平也很难高过老师。老师站在讲台上，学生坐在讲台下，好好听讲就是一个学生要遵守的基本准则，也是基本礼仪。

你在大学里认为老师的水平差，走上社会后可能认为领导和同事的水平差，但是真相是你不会处理合作关系，遇到问题优先埋怨对方没有水平。

大学其实是专治青春期各种不服的地方，如果你能驾驭因为自己的年少无知而产生的肾上腺素，而且能从老师的课堂中吸收到东西，那么即使你以后在工作中遇到逆境，也可以迅速成长。

3. 课程有用无用不是一个大学生能判定的

我们在大学学习的核心目的之一是提升自己的视野和格局，让自己看到更大的图景。这需要超越学习本身产生的感受和判断。以在校大学生的知识储备与行动量来判定大学课程是否有用，是一件不成熟、不理智也容易闹笑话的事情。

如果你在大学里能让自己不带偏见地学好任何课程，那么当你毕业走上社会后，就会成为非常有竞争力的人。

4. 跟上老师的节奏，梳理自己的思路，这是最快的进步

有很多人虽然上完了大学，但是其思考方式还处于原生态的模式：没有经过系统刻意地训练，任由随机事件冲击，产生随机结果。如果你大学毕业时，大脑里没有留下任何课程带给你的精神、信念、理论和体系，那么你的思考方式很可能就是原生态的。

这类人是很容易被煽动、不会独立思考的一群人。他们为网络上的大量离奇讨论提供了土壤，追根究底，可能就是他们上大学时没有认真听课。

大学其实是有人手把手教你学会一项本领的最后机会。老师按照教学大纲，把知识的来龙去脉给你推演一遍，如果你没有理解，就可以提问、追问。如果你能完整、认真地学好一门课，收获是非常大的。

5. 聚精会神在这个时代已经是稀缺能力，大学应该打好基础

走神是认真听讲的劲敌。如果因为走神没有在课堂上学到知识，也没有利用课余时间认真自学，大学的学习时间就这么浪费了。

如果你做不到始终如一地跟着老师上完一堂课，做不到不走神、不分心，多年以后你就会发现，一篇超过 2000 字的文章你都看不完，然后找一些"大道至简"的话来作为自己阅读无能的

借口。

大学是让你通透地学一门专业的最好机会，在掌握这些复杂的细节和规律并熟练应用之前，你是没有资格谈"大道至简"的，因为你的深度和力度都不够。

"上课要认真听讲"从来都不是一句废话，而是我们刻意学习的基本功。

驾驭碎片化学习

在如今的信息时代，我们的时间越来越碎片化，如何利用碎片时间高效学习，成为一个重要课题。

碎片时间来自哪里

时间碎片化，不是原因，而是结果。我们在生活中的碎片时间主要来自两个方面。一方面是我们难以掌控的时间安排所形成的碎片。我们出去开会，路上的通勤时间、会议候场的等待时间、等待电梯的时间，这些碎片时间无法避免，也难以掌控。这些就是生活和工作中自然产生的碎片时间。

另一方面是我们有意或无意地将大块完整的时间打碎，形成的碎片时间。产生这种碎片的本质原因是，我们的大脑无法长时间专注、不走神，需要定期休息才能更好地学习和工作。每个人专注的时间长度存在差异，经过长期训练，专注时间会变得更长，但如果长期受短视频的影响，那么专注时间就会变短。同时，我们还会有一些奇怪的习惯，比如随时拿起手机刷短视频，从来不会挑整点的时间，但是开始工作和学习往往会想选一个整点再开始。这种行为习惯也会带来很多的碎片时间。

碎片时间不可避免，毕竟人的大脑需要休息。如果我们想用好碎片时间，提高学习效率，就要变换思路，用碎片应对碎片。

先解决大块时间，再处理碎片时间

一位教授在给学生上课时，先拿出一个空广口瓶，之后把几块大石头放进瓶里，很快瓶子里就装不下了。他问学生："瓶子满了吗？""满了！"同学们回答。"是吗？"教授又向瓶内倒进一些碎石，碎石填充了大石头之间的空隙。他又问："这次满了吗？""可能还没满。"一些同学小声回答。"不错！"教授又向瓶内倒入一些沙子，"这次满了吗？""没满！"同学们齐声回答。教授点了点头，又向瓶内注入清水直到瓶口。他抬起头看着同学们，问道："这说明了什么道理？""我觉得是无论你的生活有多忙，你总能挤出一些时间做其他事。"一位同学回答。"不，"教授摇了摇头，说道："我想说明的是，如果你不先把大石头放进去，你就永远放不进去了。"

这是一个非常经典的故事，相信很多人都听过，但是很多人并没有思考这个故事和自己的关联。思考如何利用碎片时间高效学习的前提是，我们有高效利用整块的、非碎片时间的方法。学会利用好整块时间，就相当于先把大石头放进瓶子里，只有完成了这件事后，讨论怎么利用碎片时间来高效学习才有意义。

　　用大块时间处理大的工作任务，中间穿插碎片时间来切换任务，让大脑休息。例如，你准备用大概 3 小时的时间写一份报告，这时你可以以 1 小时为基本单位分块，每块中间可以穿插 10 分钟左右的休息时间，用于调节你的工作节奏。这个休息时间就是你的碎片时间。如果你想高效利用好这 10 分钟的碎片时间，就要先思考如何高效利用 50 分钟的整块时间。

碎片时间的使用方案

如果我们能确保自己高效地使用大块时间，那么我们的效率就不会很低。接下来，我们就要思考如何提升碎片时间的使用效率。

1. 区分消费行为和生产行为

人们使用时间的方式主要分成两种：消费型和生产型。如果我们只输入不输出，就是在消费。比如我们看短视频、电视剧和综艺节目，消耗了时间，获得了快感，这就是消费行为。假如我们看了这些内容后，写出了一篇分析文章或者一篇复盘文章，不仅对自己有帮助，对他人也有帮助，这就是生产行为。

要想高效利用碎片时间，首先就要意识到消费行为与生产行为的区别，从而在使用时间时，增加生产行为占用时间的比例，减少消费行为占用时间的比例。

很多人在花费大量时间在消费行为上后，会产生愧疚、后悔等负面情绪，根本原因在于他们没有把消费行为转变成生产行为。如果你试着在每一次看完短视频后都写一下你看到了什么、有什么思考，你会发现自己的负面情绪会消解很多，因为生产行为会给人创造意义和正面情绪。

2. 利用碎片时间多生产

我们在面对碎片时间时，可以多做生产型行为，少做消费型行为。如果我们在碎片时间做了很多消费型行为，如看短视频，很可能会因为自制力不足而停不下来，于是碎片时间就拓展成一个完整的大块时间，从而造成时间的失控。

这种事情往往难以避免，即使很自律的人，在沉浸式地观看视频时，也很难抽身出来，及时停止。破解的方法就是在碎片时间多做生产型行为。

我们可以利用碎片时间，通过打字或语音输入的方式，记录自己的观察与思考。用一句话记录自己的随想，用思维导图整理自己的灵感，随手涂写画画自己的想法……这些都是很有价值的生产型行为，也能让我们的碎片时间更有价值。

3. 把大目标切成小目标

有些长期的、重要的工作并不一定需要大块的时间专门攻坚来完成。我们可以把一个很大的目标拆解成若干个小目标，让每一个小目标能在半小时甚至更短的时间内完成。这样做的好处是，我们可以利用碎片时间完成每一个小目标，只要再将它们整合起来，就完成了一个大目标。

这种积少成多的学习方法往往不被很多学习者重视。他们会认为，如果追求一个目标，就一定要下定决心，搞一个大事件。比如，投入一整天突击，一口气用 8 小时来做一件事情。事实上，这样思考问题的人往往不具备足够的定力和专注力。大脑如果连续工作几小时就会感到疲倦，我们的效率就会降低。

只要变换思路，把大目标拆解成小目标就能解决这个问题。拆解目标也考验我们对目标的掌控力，我们要能够把工作任务合理地安排到每半小时为一个档期。这样，一旦出现半小时以内的碎片时间，我们很快就能利用起来。

如果你想写一本书，那么你可以每天记录一些自己的思考，把生活中对你有启发的观点整理到一起。你并不需要花太多的时间去完成这样微小的工作，但是日积月累，就可以形成非常强大的素材库。

4. 碎片工作成果的整合与输出

当你完成了碎片的积累后，就可以专门花一些碎片时间进行整理，主要目的是形成体系结构。这个工作就是拆解系统的逆过程。你要把积累的素材、想法和观点，按照某个共同的特征或者按照维度组织到一起，形成体系。你可以将这个体系分享出来，为他人提供价值，这就属于生产型行为。如果你在平时多观察别人如何拆解系统，那么以上过程就可以在很短的时间内完成。当你知道一个系统应该如何拆解、拆解完以后是什么样子时，你就会对收集碎片、重新组装的工作非常熟悉。你可以每个月对所有的碎片化生产结果进行整合，然后输出一篇文章，这就是你的碎片化学习的成果。

最后你会发现，假如你能控制自己在生活中的生产型行为和消费型行为占用时间的比例，让自己大部分时间都处于生产状态，不断输入、思考、输出，时间是否碎片化就并不是主要问题了。当你全身心专注于一个领域、研究一个问题、追求一个目标时，你会每时每刻都投入其中，你的生命是不存在碎片时间这个概念的。

碎片时间的本质在于我们碎片的心。如果我们的人生有坚定的前行方向，我们活着的每分每秒都在为之投入资源，这样的人生就是高效率的。没有坚定目标的人生，就像从树上掉落下来的树叶，失去了大树的依托与牵引，在风中随处飘荡，不知所终。

高效记忆，训练过目不忘的本领

在学习过程中，很多人都希望自己有非常好的记忆力。如果你想把握记忆的本质，就要意识到：人记不住对自己而言没有意义的事情。如果一个人感受不到一件事情的意义，就会很快忘掉它。记忆是最诚实的意义指针。

要想提高记忆力，一是要构建一个强大的意义系统，能够支持足够多不同类型意义的表达；二是能够快速找到要记的内容和这个意义系统的关联，从而形成牢固的记忆。

构建强大的意义系统

在学习时，我们对知识的记忆就像往仓库里存放货物。假设你是一名仓库管理员，要做好货物的管理，首先你要给货物编码，贴上标签进行分类，然后把货物放到仓库里合适的位置，等到有人来提货时，你要快速准确地找到货物放在哪个位置。

构建一个强大的意义系统，就是我们对于要记忆的信息做好编码识别、分类存储，并且在需要时快速找到它们。其中最关键

的步骤就是对要记忆的信息进行编码。记忆高手就像是一名经验
丰富的仓库管理员，看到一个货物，马上就知道这是什么、用什
么编号、放在哪个位置；记忆新手看到货物，往往不认识，要花
很多时间思考该货物应该放在哪里。提升记忆的能力，主要有以
下四种方法。

1. 找到内在的逻辑

我们要记忆的内容往往来自他人的输出，该内容本身就有一
定的逻辑性。因此，只要我们认真梳理逻辑，理解逻辑推论的规
律，一般就能比较轻松地记下来。这个方法能解决学习过程中八
成以上的记忆问题，因为我们学习的知识都是前人按照某种逻辑
推理得出的结论或者总结出来的经验，是一种他人生产的成果，
而不是随机乱序的零散信息。

比如，我们要背诵一篇文章，首先要理解文章的中心思想、
主要观点、论述结构等。理解这些信息后，背诵文章就相对容
易些。

2. 深度加工和拆解内容

理解是伴随着拆解而来的，但在实际学习中，我们往往不会
做拆解的工作，而是直接投身具体的内容，淹没在信息的海洋里，
看不到方向，记忆自然会遇到困难。

我们在记忆时，要深入分析、主动思考，不断地问自己：为
什么要这样表述？这一段与下一段有什么联系？整体内容主要想

表达什么？这样做一般就会有很好的记忆效果。一件事情，只要我们花了时间去记，就会产生深刻的印象。高效记忆的本质，不在于省掉这些拆解时间，而在于我们要将自己每一次花在记忆上的时间用于构建自己的意义系统。

假如你的工作要和全国各地的人打交道，但是你很难记住每个人，那么你的意义系统可以这样构建：你在全国每个省都能有一个熟悉的朋友，你会因为这个朋友对这个省份有一些基本了解，包括它的基本情况、城市特点、行业特点、高等院校等。这就是一个记忆的意义系统，一旦你认识一位新朋友，他一定是来自某个省份，你可以很快地将他与你已经掌握的信息构建意义关联，找到共同特点。这样，你对新朋友的记忆速度就会快很多。

当我们深度加工并拆解内容，理解信息的内在逻辑后，大脑就会更自然地将其存储在长期记忆中。这也是为什么理解力强的人往往记忆力也相对较好，因为他们能将知识转化为结构化的信息，而结构化的信息更容易记忆。

3. 自建一套意义系统

前面两个方法主要基于人类自然的逻辑记忆。除此以外，也有人研究了一套万能的记忆逻辑——记忆宫殿法。这种方法的本质是，我们不再依托生活中自然形成的逻辑，而是在脑海里想象一套记忆宫殿，利用现实生活中某个自然被记住的结构，比如你的房屋布置或人体结构，以此构造一套意义系统，再给自己讲一个稍微离奇的故事，把待记忆的事物与宫殿的结构关联起来。

这种记忆法要求我们自建一套独立的意义系统，这需要消耗大量的时间。编造离奇的故事虽然有助于记忆，但是理解和后期加工会遇到很大的困难。因为在具体的工作与学习中，这种方法脱离了人类的自然逻辑，所以实用性略低。这种方式更适用于记忆力展示表演，如背诵圆周率，也可以作为一种特殊的记忆方法代代相传，但是在实际生活中用处不会很大。

4. 高频次大量重复

实现高效记忆，还有一个非常简单粗暴但是很管用的方法：高频次大量重复，强行记忆。这种方法在背英语单词时非常管用，如果你要运用这个方法，建议每次只记一个单词和一个意思，每次在一秒内完成记忆，然后大量重复。重复时如果发现已经遗忘，就把它标注出来，下次再重复一遍，直到记住为止；如果发现记住了，就可以间隔更长的时间，下一次继续检查。这种暴力记忆的方法属于"大进大出"，来得快、去得快，但是好处是适合临时突击，而且由于每次重复记忆的内容极少，也能够让人产生很强的获得感。

想怎么提取，就怎么记住

与记忆工作同样重要的，是我们的提取工作。回忆内容就是在提取，就像仓库管理员收到提货通知，要用最短的时间把货物找出来。

大脑会在记忆信息时，加工各种奇奇怪怪的信息或者特征进入大脑，成为记忆提取的线索。因此，有时你想起一件事情的角度非常独特，超出你的预期。

很多人用背单词软件来记忆单词，考查记忆结果时，一个单词会出现四个可选的释义选项，由使用者选择一个正确的答案。经过长期练习，你会发现一个现象：有一些单词你能选对并不是因为你记住了，而是因为你记得某个选项特别长且答案就是它，所以当你看到这个很长的答案时，你就会选择它，当然每次都是正确的。

但是如果把这个单词单独拿出来，放在一篇文章里，你就不知道它是什么意思了。这就是一种假性记忆。其实是因为大脑在加工和记忆时，会把与单词释义无关的线索也纳入记忆，比如正确选项出现的位置、选项的长度等。

大脑就像我们的合作伙伴，当大脑知道我们在记忆时，会非常配合地为我们生成更多与记忆有关的线索，也总会用我们意料之外的方式帮助我们记住。这就是为什么很多词汇书中会出现逆序词汇表，因为当一个词表被反复背诵和记忆时，我们就会根据一个词在词表里的特定顺序而记住其释义，但这与我们最终要使用的场景是不一样的。

你想怎么使用，就要怎么记忆。如果我们想后续在某个场景将某个知识回忆起来，在记忆时就应该克服自己的偷懒心态，按照以后我们使用和提取的场景来制作记忆线索。这也是记忆宫殿法在日常生活中用得比较少的原因，毕竟我们不会经历那些自己编造出来的离奇助记故事。

以实际应用为导向，加强记忆。记忆最好的状态就是自然记住。过目不忘的根本原因是你有一个强大的意义系统。一个人不可能什么信息都要做到过目不忘，那样会浪费自己宝贵的脑力资源。如果你想实现过目不忘，那么你要做的是尽可能拓展你的意义系统，用更快的速度把新进入大脑的信息和原有的知识体系进行关联。

这种关联方式最好就是后续信息的提取方式。所以，我们要尽可能对每一个新学的知识进行思考，想到它的应用场景。一旦真正处于与知识对应的场景中，我们的大脑自然就能想起来要如何提取那些知识。如果你在特定场景中想不到对应的知识，那么这项知识可能不属于你擅长的领域。

从这个意义上讲，如果你的学习不到位，那么记忆就不到位。假如你认为自己没有足够聪明的大脑，就把重复做到极致。只有你重复的次数足够多，才能构建足够牢固的意义系统，从而增强自己的记忆力。

不要羡慕别人过目不忘的记忆力，他们只是在某个专业领域里建立了强大的意义系统。

搭建脚手架，轻松学会困难的知识

网络上有一个视频播放量很大：一位外国教练教一个孩子在一小时内学会了后空翻。他是这样做的：把后空翻动作拆解成两个不同的动作分别进行训练，然后连起来。

先训练孩子起跳后仰，直接躺在垫子上。经过几轮训练后，孩子可以跳得比较高，并且能够成功地躺在垫子上。接下来，教练让孩子训练后半部分，即落地。教练让孩子先躺在垫子上，双腿向上抬起，直至整个人翻身落在地上并站稳。之后，教练再让孩子把两个动作连贯起来练习：先跳起来躺在一个垫子上，然后从垫子上翻身落地。这个动作熟练后，教练再拿掉垫子，用手扶住孩子。在孩子持续练习翻身时，教练不断减少对孩子的辅助，直到孩子可以完全独立完成。于是，孩子在教练的帮助下，循序渐进地学会后空翻。

在整个过程中，教练做了一件非常科学的事情：将一个有难度的技能进行拆解，给孩子搭建了脚手架，让孩子上手学习极其方便。随着孩子不断进步，技能掌握得越来越好，后续再逐渐拆除脚手架，直到孩子完全学会。

脚手架的本质

"脚手架"最初是建筑学中的一个概念。建筑工人在建造房屋的过程中搭起脚手架,作为支撑结构,有利于工人施工作业。在学习过程中,这个概念被借鉴过来,用于帮助我们在学习过程中,逐步理解复杂的知识。通过搭建脚手架,我们能够在已有知识的基础上,一步步建立对新知识的理解,从而避免直接面对困难内容带来的认知冲击。

搭建脚手架的核心在于将任务分解为更小的、更易于理解的任务,使我们在学习的过程中,能够逐步适应新知识的难度。每当学完一个阶段的内容,可以再往上加一个"小台阶",从而实现从易到难的过渡。

搭建脚手架的思路在很多领域都能用上。下面列举一些案例,帮助我们更好地理解脚手架的使用方法。

在学习游泳时,教练会往学员身上的不同部位绑上泡沫板,用于提升浮力,减少学员在水里的恐慌,使其专注于具体的动作要领。等到具体的动作熟练后,教练会逐步减少辅助工具,直到学员无须任何帮助也能浮在水面,轻松完成各类动作。

在学习写作时,最开始我们没有思路,要依赖结构框架或者写作模板来完成文章,同时很多句型我们也无法熟练使用,需要通过背诵他人的金句帮助表达。随着写作经验的增加,我们就能逐渐摆脱模板,形成自己的写作风格和体系。

突破学习的舒适区，需要脚手架的帮助。最适合学习者的脚手架高度应该设定为学习者跳一跳，刚好可以触及，而不是遥不可及的高度。就像建筑物外面的脚手架，如果每个格子间的距离过长，工人在使用时就会感到困难。如果我们每次的学习都能借助脚手架稍微往上蹦一蹦就能达到新高度，但是又不至于太难而让我们绝望，就可以沿着这个方向一直叠加上去。假如我们在学习过程中，因为跨度太大遇到了太多的挫折，就可以往回调整一下脚手架，让我们的学习变得更简单，直到我们能够完全胜任。有了脚手架的帮助，我们就能轻松学会任何新知识。

脚手架的搭建与拆除

我们的成长就是一个刻意学习与持续行动的过程。刻意是因为我们要主动调整我们的脚手架，如果太简单了，就可以增加难度；如果太难了，就要降低难度。持续是因为我们要不断地关注自己的学习状态，不要有一劳永逸的思想。

很多人在学习过程中容易放弃，是因为缺乏脚手架的意识，于是把自己在学习过程中遇到的困难，归结为自己的能力不行。其实还有另一种原因，市面上的很多图书或教材受限于篇幅或者作者能力，未必会提供完全与你契合的内容和方法。

有很多教材还会设置防自学机制。它们并不会在教材里把每一个概念都写清楚，常常是一笔带过，喜欢使用"显然"，甚至故意制造困难。这些都会影响我们的学习成果，打消我们的学习积极性。我们现在对于学习产生的偏见有可能就来自过去一些防自学教材带来的伤害。

对于这种情况，我们要有心理准备，一方面多参考阅读不同的材料，多角度理解知识；另一方面要利用互联网资源，克服这些阻碍。越是传统和经典的知识，在网络上的讲解就越丰富，能提供细致的脚手架帮助我们学习进步。

就像建筑完工后需要拆除脚手架一样，当我们借助脚手架的帮助已经学会并取得进步时，记得在适当的时候将其拆除，不要形成依赖。拆除时，也要遵守循序渐进的原则。当一个动作反复执行，表现稳定，几乎不再出错时，就可以尝试拆除一部分脚手架，再重复动作，观察稳定性。

脚手架好用的原因是构建了一个符合大脑认知规律、循序渐进的学习环境。在这个环境里，我们的心理感受是安全的。无论脚手架的搭建过程还是拆除过程，我们都能够通过反复的练习来适应，而不是感觉突然被扔到了深水区，陷入恐慌。

抓住 DeepSeek 带来的人生破局窗口

2022 年，ChatGPT（Chat Generative Pre-trained Transformer）的横空出世给全世界带来了巨大的震撼。2025 年春节，我国自主研发的 DeepSeek 大火，带给大家的震撼不亚于三年前。很多人的反应是，人工智能怎么突然变得如此先进？不仅像跟真人沟通一样，直接进行正常的对话，甚至在很多方面的表现已经远超人类的专业水平。DeepSeek 的出现加剧了人工智能引发的焦虑，人们害怕被人工智能替代，担心着自己的未来。

当然，这些担心和焦虑是人之常情。毕竟，DeepSeek 用更低的成本，实现了更好的智能效果；它采用了开源路线，让更多人可以低成本地部署使用；它强大的能力，尤其是在推理上的改进，可以让各行各业生产与工作的效率成倍增长。

目前，我们就处在时代变革的十字路口。接下来的十年，我们将看到全社会在人工智能的带动下，掀起一场摧枯拉朽式的变革。这种变革就像当年安卓手机操作系统代替了诺基亚塞班操作系统。一夜之间，我们进入了新的时代。

在这种时代背景下，我们与其担心未来，不如为当下感到兴奋。每次科技革新的大浪潮，都是最好的"改命"机会。我们如果能多花一点时间思考，投入时间学习和行动，快速掌握先进的工具，就能成倍提升自己学习成长的效率，即以最小的投入，换来最大的回报。

人工智能的三大核心要素

人工智能发展到如今，主要依赖于三大核心要素：算力、算法和算料。

我们在第三章讨论过力与系统的关系。算力就是计算机作为一个系统输出计算的能力。算力就用于描述计算机有多能计算。如果有一台计算机一次只能算两个数的加减法，另一台计算机可以一次算 10 个数的加减法，那么我们称后者的算力比前者大。现在计算机往往一次要处理上万维度的数据，形成超过千亿级的参数。计算这些海量的数据就需要强大的算力。于是，人们会把计算机放在一起，放在某个能源成本低、气温适宜的地方，这就是云计算。因为有了云计算，人工智能时代加速到来。

算法就是我们给计算机编制的一组规则，告诉计算机如何计算、如何处理海量的数据。如今最先进的算法是深度神经网络，核心思路就是用数字来模拟人类大脑神经元的工作方式。神经网络的相关算法在几十年前就已经提出，但是受限于过去的计算能力，并没有取得突破性进展。直到云计算产业蓬勃发展，才给算法提供了新的发展空间。

算料就是数据，数据是信息时代的"石油"。人们开发数据的价值，形成人工智能，帮助人们高效地解决各种问题。数据是真实世界在信息世界的体现，我们在生活中的各种行为都会形成数据。不论出门打车、地址导航，还是线下聚餐、线上支付，都会形成数据，这些数据累加、关联，具有庞大的价值，成为经济发展的重要引擎。

人工智能高速发展最根本的动力在于更好的算法、更大的算力和更多的算料，这样就能够不断孕育出更加厉害的人工智能，在各行各业发挥作用，最终会影响到每一个人。

一句话讲清大语言模型

无论是目前火热的 DeepSeek，还是 ChatGPT、Kimi 等人工智能产品，都是利用大语言模型（large language models, LLM）来开发的。大语言模型是人工智能在自然语言处理中的应用。为什么大语言模型如此智能，就像真人在和我们对话一样呢？

大语言模型统计分析了在人类自然使用的语言中，一个词前后通常会出现哪些其他词。一旦计算出每个词的关联词语使用的概率，就可以把这些词进行分类归堆，然后按照最大的概率生成看起来像人类说出的话。

在生活中有这么一句话，你是谁，不由你定义，而是由与你交往最频繁的五个人定义。当我们大量统计人类各种语言中不同词语出现的顺序，就可以发现哪些词频繁地一起出现，哪些词几乎从来不一起出现。通过统计词与词一起出现的频率高低，我们就能够把意思相近的词归结在一块。例如，在"学生"出现的地方，往往会看到"学校""大学""学习"，但是"商场""农田"出现的概率会较低，所以在语义上，"学生""大学""学习"就会更接近。

人脑很容易区分近义词和反义词。但对计算机而言，当你想表示两个词的意思是接近还是相反，最好的方法是把词转成数字，便于计算机快速计算，这个过程就叫作词的嵌入（word embedding）。一旦完成了词的嵌入，计算机就知道哪些词的意思接近，哪些词的意思相反。

大语言模型可以根据词义的相关性生成文字，不断从"下一个词"的列表中选择输出概率最大的词语，就像我们做英语完型填空，我们会根据文章的内容选出那个读起来最合适的答案。大语言模型流畅地生成下一个可能的词，形成了回答，我们就像在阅读一篇文章或者在和一个朋友对话。

目前的大语言模型会根据我们输入的提示词，结合大模型的设置，计算并输出最大概率的结果。尽管 DeepSeek 已经具备一定的推理能力，但是大语言模型并不能像人类一样完全理解话语背后的真正含义，本质上它仍然是一个"匹配大师"，会在统计范围内，告知我们最相关的答案。如果想获得更好的答案，我们还需要给大语言模型提供更好的提示词。这就像面对高手的时候，只有提出更好的问题，才能激发高手的状态，我们才能获得更理想的回答。

用好提示词，发挥人工智能的潜力

如果我们采用正确的沟通方法和恰当的激励方式，就会激发人工智能的潜力，为我们生成更好的答案。我们可以利用人工智能这个助手提升我们的学习效率。这个过程中最关键的一步，就是用好提示词。提示词就是我们给人工智能的索引，人工智能会根据我们的提示词，给出最大概率的结果。

有效的提示词主要包含四个要素：指令、背景、输入和输出。

1.指令：让人工智能清楚地知道要做什么

指令是提示词的核心，明确指出人工智能要完成的任务，避免答案偏离主题，提升回答的质量，如总结概括、分析推理、翻译润色、对比扩展、提出方案或讲述故事。如果需要人工智能整理大段文字，指令可以写成："请总结以上内容的核心观点。"如果想让人工智能对比分析，指令可以写成："请比较分析 A 和 B 的优缺点。"这种清晰的指令设置能够引导人工智能集中在特定的工作任务上。

2.背景：提供上下文让人工智能高效工作

提供背景信息有助于人工智能更好地理解任务的场景和面向

的受众，以生成符合要求的内容。背景信息可以包括上下文、受众特征、行动目标以及人工智能需要扮演的角色。例如，如果需要给学生讲解复杂的概念，提示词可以说明"这是给初学者看的内容，尽量使用简单易懂的词汇。"如果任务是面向专业人士，可以在提示词中说明："需要使用专业术语，并提供数据支持。"

3. 输入：引导人工智能深入思考

在输入部分，我们可以通过提供参考案例或问题提示，让人工智能深入地思考。这一部分相当于为人工智能提供了"思考路径"，尤其是在处理复杂任务时，可以通过"思维链"（chain of thought）或者"思维树"（tree of thought）引导人工智能按步骤处理问题，让生成的内容更加连贯和有逻辑性。DeepSeek 在这方面有着很强悍的表现，能够主动推理并输出思考过程。阅读推理的过程也可以作为我们升级问题的参考。

例如，如果需要人工智能生成一篇分析文章，可以在提示词中加入"在进行比较时，请考虑成本、效率、适用范围等方面。"还可以在提示语中加上"让我们一步一步地思考"或者"请分三步论证：首先梳理现有理论，其次指出矛盾点，最后提出改进方案"等引导的指令，能起到很好的提升效果。

4. 输出：确保内容风格和表达符合要求

输出部分可以定义最终生成内容的表达风格，并且对输出的可靠性提出要求。我们可以在提示词中说明希望人工智能采用的语气、语言格式和修辞手法等。例如，如果希望输出的内容有较强的感染力，可以在指令中要求它"使用鼓舞人心的语言，避免使用过于专业或严肃的词汇"。我们也可以对输出的知识范围、逻辑约束或者伦理边界提出要求。例如，如果需要内容正式严谨，可以在指令中说明"请保持学术性和专业性，每个结论必须提供权威引用，避免使用口语化表达，不得包含性别歧视等内容"。

如果你能注意到使用提示词的这几个核心方面，就可以极大地提升人工智能输出结果的质量。由于人工智能技术也在不断迭代和进步，对人类语言的理解也越来越深刻，哪怕使用自然语言与人工智能对话，有时也能得到很好的结果。因此，提示词后续将不会成为使用的门槛。

这样一来，想要发挥人工智能的强大作用，关键又回到了使用者身上。要想用好人工智能，我们就要做一个擅长提要求的人。这需要我们在学习和生活中充满目标感。只有把要求说得非常清晰，才能让人工智能从海量的数据里更准确地提取相关数据，形成我们想要的高质量回答。

四种利用人工智能高效学习的使用场景

根据提问方式与信息掌握的情况，我们可以将与人工智能的互动划分为四种模式：请教答疑、梳理分析、共同探讨和反向考查。接下来，我们将深入探讨每种模式及其在学习和工作中的应用。

1. 请教答疑：你不知道，人工智能知道

当我们面对完全陌生的领域或概念时，可以直接向人工智能提问。它能够提供广泛的信息支持，帮助我们建立基本的知识框架。请教答疑模式适用于入门学习或概念普及。比如，你刚刚接触"机器学习"，可以直接问人工智能："我想了解机器学习，我需要问你哪些问题？"

想了解一个新领域，你可以请求人工智能列出重要概念或经典图书："请介绍一下人工智能领域里最重要的 50 个概念。"通过这些信息，初学者可以快速掌握基础知识。

2. 梳理分析：你知道，人工智能也知道

当对某个主题已经有了初步了解，希望进一步扩展或深化时，我们可以请求人工智能进行梳理分析。比如，在学习"人工智能的伦理问题"时，你已经知道一些基础理论，就可以问人工智能："关于人工智能的伦理问题，我有以下想法，请帮我分析一下这些想法的优点和缺点。"这样人工智能会从不同的角度来分析优缺点，帮你梳理问题。

对某个具体的研究方法有所了解后，你可以让人工智能推荐合适的应用场景或改进建议。比如："我知道 A 方法，你能给我推荐适合使用它的研究领域吗？"

3. 共同探讨：你不知道，人工智能也不知道

在某些未知领域，人工智能和人类同样处于探索状态，我们

可以与人工智能共同探讨，不一定有现成的答案，但能够开拓新的思考角度和创意。这类问题通常涉及假设推演、创新思维或对未来趋势的预测。

比如，探讨未来技术的可能性时，你可以提出假设性问题："如果量子计算普及，会对社会产生什么影响？"人工智能会基于已有的数据和趋势，给出可能的假设与分析。

进行跨学科研究时，你可以引导人工智能逐步建立思考框架："假设我想研究心理学和人工智能的交叉点，能否帮助我一步一步分析实现路径？"

4.反向考查：你知道，人工智能不知道

当对某个领域已经有了深入了解，但希望进一步拓展思维，我们可以通过人工智能进行反向考查。这种提问方式通过让人工智能提出挑战性问题，帮助我们发现盲点，进一步深化学习效果。

比如，学习完一门课程后，你可以请求人工智能出题来检验学习成果："我是机器学习的专家，请提出10个问题来检验我的水平。"人工智能会根据其知识库提出不同层次的问题，帮助你检验学习掌握的程度。

为巩固已学知识，你也可以向人工智能提问更多的细节："我知道数据科学的基本概念，但还有哪些更深入的问题可以帮助我提升？"

最重要的使用提示：时刻想起、频繁使用

我们给人工智能提示词，人工智能给我们结果。与此同时，我还想给大家一个重要的使用提示：时刻想起、频繁使用。当我们遇到不懂的问题时，当我们整理材料时，当我们没有灵感时，当我们觉得自己学有所成时，都可以请人工智能帮忙，为我们分担工作，或者考查我们。

我们要把人工智能当成我们的合作伙伴，让它加入我们的学习和工作。只有这样，我们才能成倍地提高工作效率，把自己从繁重、重复的事务当中解放出来，去学习新的知识和内容，推动个人成长。

我是一个人工智能的重度使用者，不过我发现在有很多人并不习惯使用人工智能。究其原因，可能是并没有通过正确高效地使用这项工具，拿到很好的结果，所以干脆就不再去思考和尝试。这是一件非常可惜的事情，尤其是 DeepSeek R1 出现以后，全社会已经进入一个蓄势待发的新周期。各行各业都在准备一轮新的变革，纷纷进入改变的潜伏期。如果我们意识不到这个问题的关键所在，不去早做准备，打通自己的专业领域和人工智能的卡点，就是在给自己酝酿一场更大的"危机"。在新的生产工具的普及过程中，最先使用工具高效生产的人，会获得最大的成长红利。

人类需要向人工智能学习的一点是，根据数据计算并得出结论，在没有得到计算结果时，不会随意给出结论，不产生情绪干扰，专注于解决问题。在人工智能时代，机器会越来越像人，而人要越来越像机器，才能脱颖而出。

结语　刻意学习，改变命运

如果你相信自己值得更好的人生，那么你要做的一件事情就是开始刻意学习的旅程。这意味着你需要重新认识成长，看到成长的本质；重新认识自己，看到自己身上的短板；与此同时，你还要掌握高效科学的思维武器，用新的工具认识自我和改造世界。仅仅学习还不够，你还需要与行动搭配，组成刻意学习和持续行动的双重系统，让自己不断精进。

太多事情要兼顾，有人会想，为什么人要活得这么辛苦？这并不是一个好问题，更恰当的问法是：我怎样才能做好这么多事情的同时，感到非常快乐且动力十足？假如你能持续问自己这个问题，并引导自己的思考与行动，那么你的人生就会有不一样的格局。

我们的大脑有非常强的认知能力，只是一直以来，我们都把它用在错误的方向上。我们用来合理化自己的懒惰，用来美化自己的缺点，用来掩盖自己的错误。我们几乎从来不会把我们强大的认知能力用在这些方面：在快速前行时帮助我们适应节奏，在害怕困难时鼓励我们前进，在想退缩时给我们提供支持与动力，在感到束手无策时给我们灵感和启发。

改变命运，首先要从改变大脑开始，而改变大脑就需要通过学习和实践新的知识。这是一个孤独的旅程，也是一个充满挑战的旅程。

刻意学习，改变命运，不是为了别人，而是为了自己。时间的流逝会让每一个人最终都在世界上消失，但一个人做过什么，尝试过什么，达到了什么样的高度，创造了多少价值，才是人生最大的意义。

有的人说，我这一辈子就是普通人，没有办法成为高手，也不能成为大师。这是一种悲观主义的态度，悲观者可能正确，但乐观者往往获得成功。当普通人朝着成为大师的方向前进，跋山涉水，挑战自我，不断优化，持续成长，他就活成了别人想做却做不到的样子，他就改变了自己的命运。

如果你希望挑战自我，希望自己的人生还有更多的可能，那么刻意学习就是你不能错过的人生选择。

非常感谢你的阅读，希望我们未来有缘再会！欢迎关注我的公众号"持续力"，如果你有任何想法，请和我交流。

扫描二维码，关注公众号"持续力"
免费领取"Scalers 个人成长经典大课笔记"福利